"十三五"职业教育规划教材

U0658038

企业管理基础

主　编　高俊学　卢恩平

副主编　王素梅　卢一帆

参　编　李潘坡　赵忆岚　李　昂　董　佳

主　审　刘伟光

中国电力出版社

CHINA ELECTRIC POWER PRESS

内 容 提 要

本书为"十三五"职业教育规划教材。全书共九章，内容包括管理总论、企业管理概述、计划与决策、组织、领导、沟通、控制、企业文化、企业危机管理。在每章中安排了学习目标、案例、阅读材料、案例分析、实践训练等模块，突出实用性。

本书可作为全国高职高专院校、成人高校及本科院校举办的二级职业技术学院财经类专业的教材，也可供相关专业人员学习使用。

图书在版编目（CIP）数据

企业管理基础 / 高俊学，卢恩平主编．—北京：中国电力出版社，2016.5（2019.8重印）
"十三五"职业教育规划教材
ISBN 978-7-5123-9248-9 / 01

Ⅰ. ①企… Ⅱ. ①高… ②卢… Ⅲ. ①企业管理－高等职业教育－教材 Ⅳ. ①F270

中国版本图书馆 CIP 数据核字（2016）第 085060 号

中国电力出版社出版、发行
（北京市东城区北京站西街 19 号 100005 http://www.cepp.sgcc.com.cn）
北京九天鸿程印刷有限责任公司
各地新华书店经售

*

2016 年 5 月第一版 2019 年 8 月北京第三次印刷
787 毫米×1092 毫米 16 开本 9 印张 212 千字
定价 **27.00** 元

前　言

　　本书为"十三五"职业教育规划教材，在编写过程中完全以高职高专学生的特点和需要为核心，旨在为其提供一本体系完整、思路清晰而又生动活泼、操作性较强的企业管理基础教材。基于这方面的考虑，本书在内容和体例编排中具有以下几个特点：考虑高职高专培养应用型人才的目标安排内容体系，突出针对性；征询和了解已就业的学生和在校学生的共同需要，遵循学生的认知规律，按照应知应会、够用为度的原则，安排和提供了9章的内容，并按照企业管理基础的基本顺序予以编排，突出逻辑性；理论讲解与实例分析相结合，并在每章中安排了学习目标、案例、阅读材料、案例分析、实践训练等小栏目，突出实用性；在内容安排上，注意吸收相关学科的新成果，体现企业管理发展新思想和应用的新领域，突出新颖性。

　　本书由高俊学、卢恩平任主编，王素梅、卢一帆任副主编，刘伟光任主审。参加本书编写的还有李潘坡、赵忆岚、李昂、董佳。高俊学完成第一、四章、卢恩平完成第二、三章，王素梅完成第五、七章，卢一帆完成第六章，李昂、董佳完成第八章，李潘坡、赵忆岚完成第九章。刘伟光对本书进行了勘校。

　　限于编者水平，加之时间仓促，书中难免会存在疏漏。恳请有关专家及广大读者踊跃提出宝贵意见。

编　者
2016 年 4 月

目　　录

前言

第一章　管理总论 ·· 1
　　第一节　管理概述 ··· 1
　　第二节　管理理论的产生与发展 ··· 5
　　第三节　管理者 ··· 13
第二章　企业管理概述 ··· 18
　　第一节　企业概述 ··· 18
　　第二节　企业的创立 ·· 20
　　第三节　现代企业管理原理 ·· 23
第三章　计划与决策 ·· 30
　　第一节　计划 ·· 30
　　第二节　决策 ·· 35
第四章　组织 ··· 50
　　第一节　组织的基本问题 ··· 50
　　第二节　常见的组织结构形式 ··· 57
　　第三节　组织变革 ·· 61
第五章　领导 ··· 68
　　第一节　领导概述 ··· 68
　　第二节　领导理论 ··· 71
　　第三节　领导者的修养与领导艺术 ··· 78
第六章　沟通 ··· 86
　　第一节　沟通概述 ··· 86
　　第二节　沟通渠道 ··· 90
　　第三节　有效沟通的障碍和方法 ·· 91
第七章　控制 ··· 98
　　第一节　控制类型 ··· 98
　　第二节　控制的过程 ·· 100
第八章　企业文化 ··· 105
　　第一节　企业文化概述 ··· 106

　　第二节　企业文化的塑造 ………………………………………… 108

第九章　企业危机管理 ………………………………………… 118

　　第一节　危机管理概述 …………………………………………… 118

　　第二节　企业危机管理 …………………………………………… 121

参考文献 ………………………………………………………… 135

第一章 管理总论

✐ **学习目标**

1. 理解并掌握管理的含义、性质。
2. 了解管理理论产生和发展的历程。

第一节 管理概述

【案例1.1】

恒大：用企业管理法则成功替代中国足球经验

在我的新书《单刀，直击恒大足球王朝》中，有一个细节，那是在2010年，恒大接手广州足球不久，当年的中甲联赛第四轮比赛，恒大主场2比3输给沈阳东进。输球后，李章洙接到许家印的电话，许家印说："输球不要急，即使今年冲超不成功，明年再来就是。"当时的恒大，完全是"摸着石头过河"，他们固然用重金请来李章洙顶替了彭伟国的位置，目标也很长远，但心里没底。所幸的是，他们挺过了最为艰难的第一年。

我强调这一细节，是因为一个企业涉足一个新的领域，第一步总是很关键，譬如说，如果当年恒大冲超不成功，是否会让恒大的人感觉到自己走错了第一步？如果动摇，怀疑，最后"纠错"，按照这样的轨迹，恒大无法在短短4年时间内，实现从一支中甲队伍到亚洲冠军的蜕变。

不可否认，恒大的成功存在一定偶然性，但在几个关键的问题上，恒大都没有走错，尤其是在外教的选择上。竞技场的哲学很多时候就是关系于胜负，而主教练的选择则直接决定了胜负的高度。

恒大4年间两度换帅，其间也有许多不尽情面的决绝，以及因此带来的阵痛。在多年的更队生涯里，有两个故事让人记忆犹新。

2010年3月1日，恒大正式接手广州医药足球俱乐部。接手之初，恒大和广州市体育局、广州市足协有一个约定，那就是第一年的管理权仍然属于主管部门。但在接手俱乐部后的第16天，恒大向广州市体育局提出要换教练组。许家印准备用4000万元网罗一位世界级名帅。广州市足协表示反对，但他们发现恒大直接去找了广州市体育局。耐人寻味的是，广州市体育局并没有第一时间回绝恒大，给恒大留下了充分的余地。

3月24日晚，许家印到恒大酒店和李章洙密谈3个小时。李章洙被说服，同意执教广州队。次日下午2点30分，球队到达恒大总部。彭伟国被单独叫到办公室，半小时后，彭伟国走出办公室，和他的教练组成员说："我被解雇了。"而球队集中在另一个办公室的时候，李章洙走了进来。

为了上演这场大戏，恒大已经把所有的障碍一扫而空，这一天，恒大真正地把管理权抓在了手里，行使了本来属于他们的权力。下午6点，李章洙的新闻发布会结束后，恒大的工作人员马不停蹄，赶到了球队训练的白云山基地。他们直接来到俱乐部，要求接手财务、办公室等部门。原俱乐部工作人员大吃一惊，因为他们没有收到任何通知，而且已过了6点，他们都要准备下班了。恒大方面说："从我们恒大进来第一天起，就把你们当做我们的员工了，我们恒大的作风是，通宵工作是很正常的。"

但这场换帅风波并未结束。5天后，许家印向彭伟国、广州市体育局、广州市足协和广州球迷公开道歉。他承认恒大在换帅的处理上不够成熟，但许家印解释说，恒大说服著名教练李章洙来中甲执教相当艰难，如果再按常规操作向体育局汇报等待批准的话，恐怕李章洙会突然变卦，这样对广州足球来说也是一种损失。

而在许家印看来，为了广州足球，铁帅李章洙也是可以损失的，即使他在两年的时间里率队获得了中甲、中超、超级杯冠军，并以亚冠小组第一闯进16强；这样的功勋主帅是在率队赴泰国打亚冠时接到被炒的消息的。李章洙不是不知道解聘传闻，但他曾和俱乐部交流过，"俱乐部当时说，从俱乐部角度没有这种想法，我们互相都很信任。"这种信任到了最后却是这样的结果，李章洙只是说，接受现实！

这一次，还是许家印亲自出面解决问题，他亲自宴请老李，"我们不舍得李章洙先生离开，但是从一个战略发展的角度，我们还是决定忍痛割爱，对教练组进行了调整。"言罢，许家印和李章洙喝起了交杯酒，而此时的老李显然已经被许老板打动，眼眶闪烁着泪光。这时，许老板不忘再补上一句："老李，你这次不是下课，只是暂时离开！"席间许家印亲自向他说对不起。"许老板对我说真的对不起你，作为一个老板，说这样的话也不是容易的事，我也接受。"

先用李章洙替换彭伟国，李章洙是恒大王朝的奠基者，他日被放逐，也不能抹杀他的功绩；而用银狐里皮替换李章洙，恒大完成了国际化的最后一块，也是最重要的一块拼图。里皮不仅在战略上让这支球队越来越向欧洲化靠拢，更重要的是，他的管理经验、人际关系加速了广州恒大的欧洲化进程。在外援的选择上，更是有目共睹，尽管中间有巴里奥斯这样的失败之作，但是从穆里奇到孔卡到埃尔克森到迪亚曼蒂，毫无疑问，广州恒大是这几年中超引援最成功的俱乐部。

管理上，从"俱乐部领导下的主教练负责制"，从"行政人员不准进入更衣室"等种种规定，从用企业管理移植过来的重奖重罚来管理球员，从语不惊人死不休的做派到发挥到极致的"恒大"营销，其背后的逻辑很清晰——恒大不相信以往中国足球的经验，他们只相信恒大集团在商海总结出来的经验，从恒大俱乐部的管理层人员构成便可以得知，从董事长刘永灼到总经理康冰（康冰刚刚接替刘永灼成为俱乐部新的董事长），都是一帮年轻的，而且毫无足球经验的人。

【问题】谈谈你对恒大足球俱乐部运营管理的认识。

摘自2014年3月网上新闻报道：
http://sports.163.com/14/0307/07/9MNGV9HR00051C8U.html

一、管理的含义

管理活动自古有之。管理的含义，从不同的角度和背景，可以有不同的理解。

弗雷德里克·温斯洛泰勒的定义：管理是一门怎样建立目标，然后用最好的方法经过他人的努力来达到的艺术。

亨利·法约尔的定义：管理就是计划、组织、控制、指挥、协调。

赫伯特·西蒙的定义：管理就是决策。

马克斯·韦伯的定义：管理就是协调活动。

美国管理协会的定义：管理是通过他人的努力来达到目标。

我国学者一般认为：管理就是通过计划、组织、领导等环节来协调和控制组织的人力、物力、财力、社会信用、时间、信息、社会关系等资源，以期更好地达到组织目标的过程。

管理定义的多样化，反映了人们对管理的多种理解，以及各管理学派的研究重点与特色。这些不同的定义，对全面、深刻理解"管理"这一概念是极为有益的，归纳起来可以有以下几点：

（1）管理是一个过程。管理是为实现组织目标服务的，是一个有意识、有目的地进行的过程。

（2）管理由若干个职能（即计划、组织、控制、领导和协调）构成；管理工作的过程是由一系列相互关联、连续进行的活动所构成的。

（3）管理工作是在一定的环境条件下开展的，环境既提供了机会，也构成了威胁。也就是说，管理须将所服务的组织看作一个开放的系统，它不断地与外界环境产生相互的影响和作用。

（4）管理的工作内容是优化使用组织的人力、物力和财力等各种资源。管理工作要通过综合运用组织中的各种资源来实现组织的目标。

因此，管理的定义可以概括如下：管理是通过有效地计划、组织、控制、领导和协调等环节来组织所拥有的人力、物力和财力等各项资源，以期更好地达到组织既定目标的过程。

二、管理的重要性

（1）管理是共同劳动的产物。在多个人进行集体劳动的条件下，为使劳动有序进行并获取劳动成果，就必须进行组织与协调，这就是管理。管理是共同劳动的客观要求。

（2）管理在社会化大生产条件下得到强化和发展。随着生产社会化程度的提高，企业规模的扩大，资源配置越来越复杂，生产各环节相互依赖性越来越强，这些都要求更高水平和更大强度的管理。

（3）管理广泛适用于社会的一切领域。凡有人群的地方都需要管理。从人类历史到现代社会，从治国安邦到生产经营、社会生活，从工商企业到政府机关及其他社会组织，无不存在管理，无不需要管理，无不依赖管理。因此，管理具有普遍性。

（4）管理是现代社会极为重要的社会机能。管理在社会化大生产条件下得到强化和发展，随着生产力的发展，管理的重要性日益增强。管理是保障社会与经济秩序，合理配置资源，有效协调与指挥社会各类活动，实现社会及各组织目标的关键性手段。没有现代化管理，就没有现代化社会。

三、管理的二重性

管理的二重性是指：管理是由许多人进行协作劳动而产生的，是有效组织共同劳动所必需的，具有同生产力和社会化大生产相联系的自然属性；管理又体现着生产资料所有者指挥劳动、监督劳动的意志，因此，它又具有同生产关系和社会制度相联系的社会属性。管理的二重性是马克思主义关于管理问题的基本观点，反映了管理的必要性和目的性。

掌握管理的二重性，对于我们学习管理学和从事管理工作具有重要意义。

（1）认真总结我国多年来在管理中正反两方面的经验教训，更好地发挥社会主义制度的优越性。管理体现着生产力与生产关系的辩证统一关系。我国在很长一段时期内的"左"的错误思潮，在管理上表现为重社会属性轻自然属性、重生产关系轻生产力，曾严重地阻碍了我国经济的健康发展，影响了社会主义制度优越性的发挥。我们应当引以为鉴，总结历史的经验教训，形成具有我国特色的管理学，更好地指导我国的管理实践。

（2）注意学习、引进国外对我们有益的管理理论、技术和方法。要建设具有中国特色的社会主义，发展和完善社会主义市场经济，就必须充分利用国内外各种资源，开拓国内外市场，学会组织国内建设和发展对外关系两套本领，这是对管理者的要求。掌握管理的二重性，就能使我们正确地评价资本主义的管理理论、技术和方法，取其精华，去其糟粕，洋为中用，博采众长，使其成为我国管理理论体系的有机组成部分。

（3）注意揭露资本主义管理的剥削本质。资本主义管理极力掩盖和抹杀阶级矛盾和剥削的本质。我们要科学地鉴别管理的社会属性，对于资本主义国家的管理理论、技术和方法，要分清它们的哪些内容与它们的社会制度有关，哪些是纯粹的科学技术和方法问题，不能笼统地把某一管理理论划分为资本主义的或社会主义的。

（4）要结合实际，灵活地学习与运用。任何管理理论、技术与方法的出现，都有其时代背景，是与当时的生产力及社会条件相适应的。因此，我们在应用某些理论、技术与方法时，必须结合本部门、本单位的实际情况，灵活运用，这样才能取得良好的效果。

四、管理学的研究对象和内容

1. 管理学及其特点

管理学是一门系统地研究管理过程的普遍规律、基本原理和一般方法的学科。

管理学作为一门不精确的、有待于发展的学科，有以下特点：

（1）一般性。管理学有别于其他专门管理学，它试图从各种不同的组织中概括、抽象、提炼出共同的东西，并形成系统的理论。

（2）多样性。管理学广泛运用自然科学、社会科学及其他现代科学技术成果，属于边缘学科。

（3）历史性。管理学是对前人的管理实践、管理思想和管理理论的总结、扬弃和发展。割断历史，不了解前人对管理经验的理论总结和管理历史，就难以很好地理解、把握和运用管理学。

（4）实践性。管理学是一门应用性学科，它的理论与方法要通过实践来检验其有效性；同时，有效的管理理论与方法只有通过实践才能带来实效，发挥其指导实际工作的作用，并在反复的实践中，不断完善管理学的理论和方法。

2. 管理学研究的对象和内容

管理学的研究对象是管理活动和管理过程。管理学的研究内容很广泛，大体可以分为三个层次或侧重点。

（1）管理活动总是在一定的社会生产方式下进行的，其研究内容可分三个方面：一是生产力方面；二是生产关系方面；三是上层建筑方面。

（2）从历史的角度研究管理实践、管理思想及管理理论的形成与演变过程。

（3）着重从管理者的工作或职能出发来系统地研究管理活动的原理、规律和方法问题。

3. 学习和研究管理学的重要性

（1）管理的重要性决定了学习、研究管理学的必要性。管理是有效地组织共同劳动所必需的。随着生产力和科学技术的发展，人们逐渐认识到管理的重要性。从历史上看，经过了两次转折，管理学才逐步形成并发展起来。第一次转折是泰勒科学管理理论的出现，意在加强生产现场管理，使人们开始认识到管理在生产活动中所发挥的作用。第二次转折是在第二次世界大战后，人们认识到，不依照管理规律办事就无法使企业兴旺发达，因此要重视管理人员的培养，这促进了管理学的发展。

管理也日益表现出它在社会中的地位与作用。管理是促进现代社会文明发展的三大支柱之一，它与科学和技术三足鼎立。管理是促成社会经济发展的最基本、最关键的因素。发展中国家经济落后，关键是管理落后。先进的科学技术与先进的管理是推动现代社会发展的"两个轮子"，二者缺一不可。管理在现代社会中占有重要地位。

经济的发展，固然需要丰富的资源与先进的技术，但更重要的还是组织经济的能力，即管理能力。从这个意义上说，管理本身就是一种经济资源，作为"第三生产力"在社会中发挥作用。先进的技术，要有先进的管理与之相适应，否则，落后的管理就不能使先进的技术得到充分发挥。因此，管理在现代社会的发展中起着极为重要的作用。

（2）学习、研究管理学是培养管理人员的重要手段之一。判定管理是否有效的标准是管理者的管理成果。通过实践可验证管理是否有效，因此，实践是培养管理者的重要一环。而学习、研究管理学也是培养管理者的一个重要环节。只有掌握扎实的管理理论与方法，才能很好地指导实践，并可缩短或加速管理者的成长过程。目前我国的管理人才，尤其是合格的管理人才是非常缺乏的。因此，学习、研究管理学，培养高质量的管理者成为当务之急。

（3）学习、研究管理学是未来发展的需要。随着社会的发展，专业化分工会更加精细，社会化大生产会日益复杂，而日新月异的社会将需要更加科学的管理。因此，管理在未来的社会中将处于更加重要的地位。

第二节　管理理论的产生与发展

【案例1.2】

"真功夫"：中式快餐的标准化、流程化、精细化

"真功夫"餐饮连锁机构是从广东东莞起步的中餐连锁店。经过多年的发展，已经逐渐成为全国性中餐连锁店，与麦当劳、肯德基等洋快餐展开了竞争。

1. 以"蒸"为主，实现正餐操作标准化

"真功夫"以经营蒸饭、蒸汤、甜品等蒸制食品为主。中餐菜系多种多样，煎炒烹炸手法多但个体差异太大，一个师傅就决定了一家餐馆的口味，所以标准化复制难度很大。在众多的中餐烹饪方法中，蒸属于稳定性较高一类，蒸汽不因师傅的手法不同而改变性质，所以相对于其他烹调方式，蒸的方法更容易实现标准化操作。这是"真功夫"在餐饮管理实践中的一个重大发现。

1995年，公司开始完善从前线到后台各个操作流程的标准。首先遇到的难题是：传统的蒸饭与炖盅，只能用传统的高温炉、大锅和蒸笼。使用这些陈旧的厨具，一方面后台的员工

高温难耐，另一方面拿取产品十分不便，需要不断地上搬下卸。另外，燃气灶火也忽大忽小，很难控制火候，对菜品质量稳定性也存在一定影响。

为了解决这个问题，公司与华南理工大学合作，一起研发更专业实用的蒸饭设备。借鉴了烘烤的工艺，开发了抽屉式的蒸锅设备，便于分层取用，时间也可以用微电脑控制。保证同一炖品蒸制时的同温、同压、同时，因而几乎是绝对的同一口味。从此，真功夫的餐厅里不再需要厨师，不需要任何一把菜刀，服务员只要将一盅盅饭菜半成品放进蒸汽柜里，设定好时间和温度，时间一到就能拿出饭菜，实现"千份快餐同一口味"。

2. 实践"泰勒制"，形成标准化作业体系

在开创之初，公司尝试做了很多种蒸品，虽然一直在向标准化努力，但中式点心种类繁多，标准化不容易。开一家店相对容易，开第二家店品质就难以控制。

为了实现连锁复制，公司开始记录自己开店的每一道工序，从如何烹饪到如何扫地，每个动作都要求做到标准化，需要不断完善每个细节。如果把一位顾客从进门到离开的过程分解考察，就会发现很多方面的服务可以完善。为此，公司制作了客户服务分解流程图。对每个环节都制定出最优服务标准和流程。

在"真功夫"的配料车间，展现的是泰勒描述的工作场景：工人穿着清洁制服，切肉、配菜、包包子。每个人只做一个工序，动作协调规范。员工的每个动作都是经过培训的，比如切肉的刀举多高，切下的肉块有多大，包子上有多少条褶，都有明确的规定。"切肉"动作的标准化也是反复实验、测试的结果，通过组织劳动比赛，发现"劳动能手"，组织专家观察劳动能手的操作流程并予以记录、细化、分析、优化，最后变成量化的书面流程和标准。

后台的标准化保证了前台服务的便捷。"真功夫"承诺在 80 秒内为顾客上菜。这个简单的承诺却包含了背后无数道工序的安排。公司进行了流程分析，而且是逆向推算，即前台服务需要怎样做，备料烹制怎样供应得上，后台原料如何来整理。

公司还编制了员工培训手册。随着店面的不断扩张，手册也从几页变成几十页，一直到厚厚的几大本。手册中的每一条指示都是最佳经验的总结，而手册本身是员工培训和考核的蓝本。

3. 连续提高——科学管理的核心

"真功夫"营运手册中的各种规范有几千条，每一条都要求员工反复练习，形成规范和习惯。营运手册强调"规范不应该停留在纸面，应该在实践中不断积累和改进"的理念。其营运手册曾多次改版修订，每次修订都代表着管理规范水平的提高和服务内容的扩展。

连续提高可以说是科学管理的核心，"泰勒制"的发展就是从规范到提高的螺旋式提升过程。餐饮行业包含非常多的工作细节，持续的改进实际上是基础性的提高。

公司配有专人研究客户反馈，还请第三方核查公司不定期检查服务情况，发现问题，改进服务。一次，公司发现蒸排骨的销量不理想，但找不到问题的根源。经查看客人用餐后的餐碟，发现里面有很多碎骨，进一步调查生猪排骨的配料情况，发现员工切骨的方法不科学，骨头的切口处有很多碎骨屑。经研究，配料部门拿出了新的切割方法，碎骨不见了。之后的销量调查显示，猪排的受欢迎程度显著提高。

管理是人类的一种社会性活动，自从有了人类就有了管理。纵观管理思想发展的全部历史，大致可以划分为 3 个阶段：第一阶段为古代的管理思想，终止于 19 世纪末 20 世纪初。

第二阶段为近代管理思想，始于 19 世纪末 20 世纪初，止于第二次世界大战结束时。这一阶段的管理思想主要以弗雷德里克·温斯洛·泰勒的科学管理、亨利·法约尔的职能管理、乔治·埃尔顿·梅奥的人群关系等理论为代表。第三阶段为现代管理思想。这一时期从第二次世界大战结束到现在，管理思想百家争鸣，出现了众多的管理思想和管理学派，每一学派都有自己的代表人物。

一、中外早期管理实践和管理思想

古希腊是欧洲的文明古国，其建筑和文化艺术的历史非常辉煌，并留下了一些宝贵的管理思想。到了公元 15 世纪，意大利的著名思想家和历史学家尼可罗·马基雅维利在管理思想方面的贡献更是让人瞩目，其最有影响的是四项领导原理：

（1）领导者必须得到群众的拥护。有两层含义：一是群众要拥护他作为领导者；二是领导者做事要征得群众的同意。

（2）领导者必须维持组织的内聚力。领导者必须有能力把组织的成员团结在一起，使自己和组织具有很强的吸引力。

（3）领导者必须具备坚强的精神意志。领导者要有坚韧不拔、百折不挠的精神，能为组织和自己的生存不断努力奋斗。

（4）领导者必须具有崇高的品德和非凡的能力。

英国著名的经济学家与哲学家亚当·斯密是古典政治经济学的杰出代表人物。1776 年他发表了其代表作《国富论》，该著作不但对西方经济学和政治理论的发展有着重要影响，对管理思想的发展也有重要的贡献。他在《国富论》中以制针业为例说明了劳动分工给制造业带来的变化，并分析了使劳动生产率提高的原因。他认为，专业分工增加了每个工人的技术熟练程度；一个人专门做一种工作（分工）节省了转换工作所需要的时间；以专业分工为基础，发明了许多高效率的机器，不仅大大提高了生产效率，而且还可以使一个人能够做许多人的工作。

1832 年，英国科学家查尔斯·巴贝奇出版了《机器与制造业经济学》一书，该书是管理学发展史上的一部重要文献。他在亚当·斯密劳动分工理论的基础上，对劳动分工和专业化问题进行了更为系统的研究。此外，巴贝奇还论述了体力劳动和脑力劳动的分工、机器工具的使用、时间研究、均衡生产等诸多问题，提出了以专业技能作为工资与奖金的基础，对人们有益的建议应给予不同的奖励管理办法。

中国有着 5000 多年悠久灿烂的历史文化。古代的管理思想博大精深，其内容可以鲜明地划分为两类：一类是儒家的管理思想，另一类是兵家的管理思想。儒家的管理思想着重于国家及社会的宏观管理。其核心思想是"重在治国，以和为贵，知人善任"，管理的中心问题是对人的管理。我国古代兵家的管理思想侧重于管理的战略和战术，其核心思想可以归纳为"深谋远虑，雄才大略，随机应变，速战速决"。

二、古典管理理论

（一）泰勒的科学管理理论

泰勒的科学管理理论在管理学发展史上占有极其重要的位置，它使管理学从此走上了科学发展之路。因此，人们将泰勒称为"科学管理之父"。他一生的研究硕果累累，主要著作有《科学管理原理》《车间管理》《计件工资制》等，其代表作是 1911 年发表的《科学管理原理》。

泰勒科学管理的研究内容涉及的范围很广,其主要内容可以概括为工作效率和工作定额、科学选人、标准化、差别计件工资制、职能研究、例外管理6个方面。

（1）工作效率和工作定额。以经验为主的低效率的管理方式造成工作的低效率,并且这种低效率使人力、财力浪费惊人。为了提高生产效率和工作效率首先应制定出有科学依据的工作定额。泰勒在制定科学的工作定额方面做了大量的工作,研究工人工作时动作的合理性,去掉多余的动作,改善必要动作,并规定出完成每一个单位操作的标准时间,制定出劳动时间定额。

（2）科学选人。泰勒认为:人的天赋与才能各不相同,他们所适合做的工作也不同,为了提高劳动生产率,必须为工作挑选最合适的工人。泰勒的做法使人的能力、态度与工作得到了科学、合理的配合,并对上岗的工人进行教育和培训,教会他们科学的工作方法,使工作效率大大提高。

（3）标准化。泰勒认为在工作中还要建立各种标准的操作方法、规定和条例,使用标准化的机器、工具和材料。因此,标准化是泰勒研究的一个重要方面。

（4）差别计件工资制。泰勒提出了一种差别计件工资制,以鼓励工人超额完成定额。

（5）工作职能分析。应该对企业中的各项工作的性质进行仔细研究和科学分析,用科学的工作方法取代传统经验的工作方法。

（6）例外原则。他主张在管理工作中实行例外原则。企业的高级主管人员应把处理一般事务的权限下放给下级管理人员,自己只负责对下级管理人员的监督和处理例外事务。这种原则的实质是实行分权管理,它的提出具有非常积极的现实意义。

科学管理最大的贡献是提倡用科学的管理方法代替传统的管理方法。由于科学管理方法的逐步普及和发展,极大地促进了企业生产效率的提高,也推动了当时工厂管理的根本变革。其意义是历史性的,科学管理是管理发展史上的一次伟大的革命,也标志着管理学作为一门学科开始形成。

科学管理的提出不仅是管理方法的革命,也是管理思想的革命,不仅在当时的社会生产中发挥了重要的作用,也对以后的管理理论发展产生了深远的影响,泰勒的贡献是巨大的、历史性的。

（二）法约尔的一般管理理论

法约尔在欧洲积极地从事着管理理论的研究,他的研究为管理理论的发展做出了杰出的贡献。后人将他的管理理论称为一般管理理论或职能管理理论,他的管理思想对之后的管理理论的影响非常大。他的代表作是1916年发表的《工业管理与一般管理》。法约尔的一般管理理论的主要内容包括以下几个方面:

1. 管理的5个基本职能

法约尔一般管理思想的一个重要内容是他首次把管理活动划分为计划、组织、指挥、协调与控制五大职能,揭示了管理的本质,并对这五大管理职能进行了详细的分析和讨论。另外,法约尔还认为,管理的这五大职能并不是企业经理或领导人个人的责任,是一种分配于领导人与整个组织成员之间的职能。

2. 企业的工作与人员能力结构

法约尔认为,企业里所发生的所有行为都可以概括为6类:

（1）技术性的工作——生产、制造。

（2）商业性的工作——采购、销售和交换。

（3）财务性的工作——资金的取得与控制。

（4）会计性的工作——盘点、会计、成本及统计。

（5）安全性的工作——商品及人员的保护。

（6）管理性的工作——计划、组织、指挥、协调与控制。

法约尔对这 6 类工作分析之后发现，对基层工人或其他人员主要要求其具有技术能力。随着组织层次中职位的提高，管理就显得越重要，而技术能力的重要性相对减少。

3. 管理的 14 条原则

为了使管理者能够更好地履行管理的职能，法约尔总结出管理的 14 条一般原则：

（1）劳动分工原则。实行劳动的专业化分工可以提高人们的工作效率。

（2）权力与责任原则。在一个企业中一个人的权力与其承担的责任应当相符。

（3）纪律原则。纪律是企业领导人同下属人员之间在服从、勤勉、积极、举止和尊敬方面所达成的一种协议。

（4）统一指挥原则。统一指挥原则是指一个下属都应接受而且只应接受一个上级的命令。这是一项既普遍又非常必要的管理原则。

（5）统一领导原则。指凡是具有同一目标的全部活动，仅应有一个领导人和一套计划。

（6）个人利益服从集体利益的原则。在一个企业中，个人或个人利益不能置于企业利益之上。当个人利益与集体利益发生冲突时，优先考虑集体利益。

（7）合理报酬原则。报酬制度要公平、合理，但要和良好的管理结合起来，这样才能收到好的效果。

（8）适当集权与分权原则。法约尔认为，在管理上应保持适当的集权与分权，即掌握好集权与分权的尺度。认为下属的工作很重要就分权，认为下属的工作不重要就集权。

（9）等级制度与跳板原则。法约尔认为，为了进行有效的管理，需要在组织中建立等级制度原则，等级制度就是从最高权力机构层层延伸直至最基层管理人员的领导系列。为了既能维护统一指挥原则，又能避免这种信息的延误和失真问题，法约尔提出了一种"跳板"原则可以使两个部门的沟通更便利。"跳板"原则即在需要沟通的两个部门之间建立一个"法约尔桥"，以这个桥作为跳板，就可以建立沟通的渠道。

（10）秩序原则。法约尔指出，秩序是指"凡事各有其位"。

（11）公平原则。"公平"就是"善意"加"公道"。"公道"是执行已订立的协定。"公平"就是"公道"原则加上"善意"对待职工。

（12）保持人员稳定原则。对于企业来说关键是要掌握好人员流动的适合尺度，保持企业中人员工作的稳定性与适应性。

（13）首创精神原则。在工作中发挥自己的才智，提出具有创造性的想法或发明就是人们的首创精神，它是刺激人们努力工作的最大动力之一。

（14）人员团结原则。一个企业全体成员的和谐与团结是这个企业发展的巨大力量，领导者有责任尽一切可能保持和巩固企业内部人员的团结。

法约尔认为，原则是灵活的，可以适应一切需要，问题在于懂得如何去使用这些原则，这是一门很难掌握的管理艺术。领导者要充分运用自己的智慧、经验与判断力去运用这些原则。

（三）梅奥的人际关系理论

梅奥的人际关系理论后来发展成为早期的行为科学。梅奥的人际关系理论研究的重点是以前的管理理论中所忽视的或是处于次要地位的资源要素——人的要素。该理论的起源可以追溯到在美国西屋电气公司的霍桑工厂所进行的霍桑实验。

1. 霍桑实验

该实验是美国国家研究委员会从 1924 年到 1932 年在美国芝加哥西屋电气公司的霍桑工厂进行的。曾学过逻辑学、哲学和医学的梅奥参加并指导了这项实验。该实验的目的是解释出现在西屋电气公司管理实践中的一系列矛盾和问题，主要研究外界因素与工人劳动生产率之间的关系。但实验结果大大出乎人们的意料，影响工人劳动生产率的因素并非物质的，而是在工作中发展起来的人际关系。这个结果极大地推动了管理理论发展的进程。

2. 梅奥的人际关系理论的主要内容

梅奥的人际关系理论的内容主要有以下几点：

（1）工人是"社会人"而不是"经济人"。梅奥的观点认为工人是"社会人"，即影响人们生产积极性的因素，除了物质方面之外，还有社会和心理方面的，他们追求人与人之间的友情、忠诚、关心、理解、爱护、安全感、归宿感，渴望受人尊敬等。

（2）企业中存在着非正式组织。梅奥认为，人具有社会性，在企业的共同工作当中，人们相互联系，会自然形成一种非正式团体，在这种团体中人们具有共同的感情和爱好，可称其为非正式组织。非正式组织对企业而言有利有弊。其缺点是可能集体抵制上级的政策或目标；优点是使个人有表达思想的机会，可以提高士气，促进人员的稳定，有利于信息沟通，有利于提高工人们的自信心，从而提高劳动生产率。

（3）生产效率主要取决于职工的工作态度，以及与周围人的关系。梅奥认为，提高生产效率要注意每一个职工的个人情况的特殊性和他与周围人员关系的好坏情况，在工作中不仅要考虑职工的物质需求，还应充分考虑职工在精神方面的需求。

梅奥的人际关系理论抛弃了以物质为中心的管理思想，而以人为中心进行管理理论的研究，并取得了辉煌的成果，为管理理论的研究开辟了新的领域，使人们开始关注工业生产中的另一个重要因素，即人的因素。

在管理学发展的近代历史中，还必须提及的是德国社会学家马克斯·韦伯。他的管理思想主要集中在《社会组织与经济组织》一书中。韦伯的研究对象主要是正式组织，在某种意义上，他的组织理论也就是关于行政组织体系的理论。韦伯认为"官僚制组织"具有如下特征：

（1）明确分工。对每个职位上的组织成员的权力、责任都有明确规定，并作为正式职责使之合法化。

（2）等级严密。组织内的所有职位都按照权力等级进行安排。

（3）规范录用。所有组织成员都是通过正式考试的成绩或在培训中取得的技术资格来加以录用的。

（4）实行任命制。只有个别职位才实行选举制。

（5）管理职业化。管理人员都必须是专职的。

（6）公私有别。公私事务之间应有明确的界限。

（7）遵守纪律。管理人员必须严格遵守纪律。

三、现代管理思想及理论

在西方国家比较有影响的现代管理学派有 8 个，即管理程序学派、行为科学学派、社会系统学派、决策理论学派、系统管理学派、管理科学学派、权变理论学派和经验主义学派。

（一）管理程序学派

管理程序学派又称管理职能学派，它是在法约尔一般管理思想的基础上发展起来的。该学派推崇法约尔的管理职能理论。该学派的代表人物是美国的管理学家哈罗德·孔茨和西里尔·奥唐奈，代表作是他们合著的《管理学》。

管理程序学派在西方很有影响力，其原因有以下两点：①这个学派为管理理论和实践的发展提供了一个广阔的空间；②该学派认为各个企业和组织所面临的内部条件及管理环境都是不同的，但管理的职能却是相同的。

（二）行为科学学派

行为科学学派是在梅奥的人际关系理论的基础上发展起来的，这一学派研究的内容可分为两个方面：一是对组织中人与人之间关系的研究，即人际关系学派的观点；二是对群体中人的行为的研究，即组织行为学派的观点。该学派认为，管理是经由他人达到组织的目标，管理中最重要的因素是对人的管理，所以要研究人、尊重人、关心人、满足人的需要，以调动人的积极性，并创造一种能使下级充分发挥力量的工作环境。这一学派的代表人物有美国的亚伯拉罕·马斯洛、弗雷德里克·赫茨伯格和道格拉斯·麦格雷戈。马斯洛的理论被称为需要层次理论，其代表作为 1954 年出版的《激励与个人》一书。赫茨伯格的理论被称为双因素理论，其代表作为 1959 年出版的《激励因素》。麦格雷戈提出了对人进行研究的 X 理论和 Y 理论。

行为科学学派理论的主要特点如下：

（1）从早期的行为科学单纯强调重视情感的因素、建立良好的人与人之间的关系转向探索人类行为的规律性，在管理中要科学择人、用人、培养人，进行人力资源的开发。

（2）强调个人目标和组织目标的一致性。

（3）主张在企业中恢复人的尊严，实行民主管理，改变上下级之间的关系。

（三）社会系统学派

社会系统学派是从社会学的观点来研究各种组织和组织理论。这一学派把企业及组织视为一个人们可以有意识加以协调和影响的社会协作系统，其代表人物是美国的管理学家切斯特·巴纳德，其代表作是《经理职能》。

巴纳德认为，组织是一种人的行为和活动相互作用的社会协作系统，只有依靠管理人员的协调，才能维持一个"努力合作"的系统。他认为管理人员有 3 个主要职能：①制定并维持一套信息传递系统；②促使组织中每个人都能做出重要的贡献，包括职工的选聘和合理的激励方式等；③阐明并确定本组织的目标。

巴纳德对组织的存在和发展的基本条件也进行了精辟的阐述，认为一个组织要存在和发展必须具有明确的目标；组织成员要有协作的意愿；组织要有良好的沟通。这些思想构成了社会系统学派的理论基础。

（四）决策理论学派

决策理论学派是在社会系统学派的基础上发展起来的。该学派的代表人物是美国的管理学家赫伯特·西蒙。该学派认为管理的本质就是决策，因此，管理理论主要应研究决策的问题。

决策理论学派的主要观点有以下几点：

（1）管理就是决策。管理最关键、最重要的是那些大大小小的决策问题，而这些决策问题贯穿于管理的整个过程。

　　（2）决策是一个复杂的过程。决策应该被分为 4 个阶段，即提出决策的理由，找出所有可能的行动方案，选出满意方案，对该方案进行评价。这 4 个阶段中都含有丰富的内容，各个阶段可能相互交错，因此决策是一个复杂的过程。

　　（3）程序化决策与非程序化决策。程序化决策是指反复出现和例行的决策。非程序化决策是指那种从未出现过的决策。

　　（4）决策的满意化准则。决策理论学派认为，由于企业与组织处于经常变化的外部环境影响之中，因此要搜集所需要的全部资料是非常困难的，应根据满意的准则进行决策，即制定出一套令人满意的标准。

　　（5）组织设计的任务是建立一种制定决策的人机系统。

　　（6）决策的"管理人"模式。一是"管理人"满意的原则代替"经济人"最优的原则来进行决策；二是"管理人"在决策时只考虑他认为最要紧、最关键的因素，并通过学习、记忆、习惯的手段进行决策。

　　（五）系统管理学派

　　系统管理学派是用系统科学的思想和方法来研究组织管理活动及管理职能。孔茨认为，系统的观点和系统理论的应用的确提高了管理人员对企业管理实践的全面认识和分析洞察力。系统学派的代表人物有美国的弗里蒙特·卡斯特等人，其代表作是《系统理论和管理》。

　　系统管理学派认为，组织是一个由相互联系的若干要素组成的开放系统，它具有系统的集合性、相关性、目的性和动态环境适应性，这些要素可以被称为子系统。系统的运行效果是由各个子系统相互作用的效果决定的。组织不仅本身是一个系统，同时它又是社会系统的一个子系统，组织在与社会环境的相互作用中取得动态的平衡。

　　（六）管理科学学派

　　管理科学学派又称数理学派或运筹学派。这一学派是第二次世界大战之后在泰勒的科学管理理论的基础上发展起来的，其代表人物是美国学者埃尔伍德·斯潘塞·伯法，其代表作为《现代生产管理》。

　　管理科学学派的特点主要是运用各种数学方法对管理进行定量分析。该学派认为管理可以通过制定和运用数学模型与程序来实现。管理的计划、组织、控制和决策等几个方面都可以用数学符号和公式进行合乎逻辑的计算和分析，求出最优的解决方案。因此，在管理中正确地运用定量分析方法，将定量分析与定性分析相结合才是最有效的。但是，该学派提出的方法和观点大大增加了决策的客观性和科学性，在某些领域避免了定性决策的含糊性和随意性，意义十分重大。

　　（七）权变理论学派

　　权变理论学派是 20 世纪 70 年代在西方国家形成的一种较新的管理思想学派。权变理论学派认为，在企业管理中没有一成不变、普遍适用的管理理论和方法，因为环境是复杂而多变的，管理方式或方法应该随着情况的不同而改变。权变理论学派的代表人物是英国管理学家琼·伍德沃德，其代表作为《工业组织：理论和实践》。

　　权变理论学派目前的影响很大，许多管理学派及实际管理人员不仅接受了权变理论学派的思想，而且在管理理论与管理实践中积极地采用权变的管理思想及方法，如领导的权变理论、组织理论中的弹性组织原则等。

（八）经验主义学派

经验主义学派又称案例学派，该学派通过对大量管理的实例和案例的研究，来分析管理人员在个别情况下成功及失败的管理经验，从中提炼和总结出带有规律性的结论，这样可以使管理人员能够学习到更多的管理知识与管理技能。

经验主义学派的代表人物主要有欧内斯特·戴尔（其代表作有《伟大的组织者》《企业管理：理论和实践》）和彼得·德鲁克（其代表作有《有效的管理者》《管理：任务、责任和实践》等）。

第三节 管 理 者

【案例1.3】

格力集团总裁——董明珠

36岁之前，她是个普通女人，上班、嫁人生子。1990年，丈夫离世后，她将2岁的儿子交给婆婆，南下深圳闯荡。

一个被讲了无数次的故事是，36岁的董明珠初当格力基层业务员，40天追讨回前任留下的42万元债款，令高层刮目相看。性子中的坚毅、不认输，加上勤奋诚恳，使她创造了格力的销售神话：一年销售3650万元，占当年销售总额的1/8。

除此之外，强硬、霸气的作风，为董明珠在格力营销战中立下了"汗马功劳"，她也获得了"钢铁侠"的称号。

在营销方面，董明珠的特立独行展现得很突出。23名营销员不负责营销，只负责各个区的协调和监督一级经销商，一级经销商发展二级经销商，二级经销商违规则取消一级经销商资格。不按规矩出牌的她，仅用很低的成本就解决了一个重庆市的营销问题。她制定的"要提货先交钱"措施，解决了中国零售批发行业拖欠货款这一千百年来的"老大难"问题。

董明珠是一个充满智慧的女人。空调行业的淡季是8月至次年4月，有人想方设法缩短淡季，她却反其道而行之，延长淡季一个月，并展开疯狂促销。仅仅一个月，格力销售业绩逆市暴增，此时同行才如梦方醒。

倚重制度管人，以制度管公司。员工称董明珠六亲不认、眼里容不得沙子，不讲情面、不考虑对方感受。例如，员工在离下班时间还剩10秒时吃零食，会被罚款甚至开除。

有人说，董明珠很犟很自以为是，即使100次撞得头破血流也还要撞101次。对此，她会笑着说："我从来就没有失误过，我从不认错，我永远是对的。"在她的领导下，格力再没有拖欠的货款，研发、生产的资金有了保障。格力电器从1995年至2005年，连续11年空调产销量、销售收入、市场占有率均居全国首位。2003年以后，销售额每年均以30%的速度增长，净利润率保持15%以上的增幅。

董明珠的管理工作业绩和关于"管理者"的理念，引发了我们对什么是"管理者"，管理者应具备哪些素质，以及管理工作对象等问题的兴趣。

一、管理者的概念

对管理者的定义，一般有两种观点：传统的观点认为，管理者是运用职位、权力，对人进行统驭和指挥的人；现代观点认为，管理者泛指那些必须在工作中运用自己的职位和知识，做出影响整体行为和成果决策的知识工作者、经理人员和专业人员。一个是强调组织中正式职位和职权的传统观点，另一个是强调在组织中应承担责任的现代观点。

综合以上分析，管理者的定义应为：管理者是指履行管理职能，对实现组织目标负有贡献责任的人。

二、管理者的分类

（一）按管理者在组织中所处的地位划分

1. 高层管理者

高层管理者指负责制定组织的发展战略和行动计划，有权分配组织拥有的一切资源的管理人员。西方企业中的 CEO（首席执行官）、COO（首席运营官）、CFO（首席财务官），以及我国工商组织中的总经理、厂长等都属于高层管理者。

2. 中层管理者

中层管理者指负责制定具体的计划及有关细节和程序，贯彻执行高层管理者做出的决策和计划的管理人员。大型组织的地区经理、分部负责人、生产主管等都属于中层管理人员。

3. 基层管理者

基层管理者即一线管理人员，他们的主要职责是传达上级计划、指示，直接分配每一个成员的工作任务，随时协调下属的活动，控制工作进度，解答下属提出的问题，反映下属的要求。工厂的班组长便属于基层管理者。

（二）按管理者的职责任务划分

1. 决策指挥者

决策指挥者指在组织各层次中拥有决策指挥权的管理人员。他们的基本职责是负责组织或组织内各层次的全面管理任务，拥有直接调动下级人员和安排各种资源的权力。

2. 职能管理者

职能管理者指负责组织某一专门管理职能的管理人员，如计划管理人员、财务管理人员、生产管理人员等。

3. 决策参谋人员

决策参谋人员指为各级决策指挥人员提供决策建议的智囊人员。通常将他们也称为管理人员。决策参谋人员的职责是收集、整理、提供与决策相关的各种信息，为决策者提供合理的建议和方案。

三、管理者应具备的管理技能

通常而言，作为一名管理人员应该具备的管理技能包括专业技能、人际技能、概念技能三大方面。

（1）专业技能。专业技能是指使用某一专业领域内有关的工作程序、技术和知识去完成组织专业任务的能力。

（2）人际技能。人际技能是指与处理人事关系有关的技能，即理解、激励他人并与他人共事的能力。人事关系这项技能，对于高、中、低层管理者有效地开展管理工作都是非常重要的，因为各层次的管理者都必须在与上下级、同级人员进行有效沟通的基础上，相互合作，共同完成组织的目标。

（3）概念技能。概念技能是指综观全局、认清为什么要做某事的能力，也就是洞察组织与环境相互影响之复杂性的能力。具体地说，概念技能包括理解事物的相互关系从而找出关键影响因素的能力，确定和协调各方面关系的能力，以及权衡不同方案优劣和内在风险的能力等。

不同层次的管理者工作的重点不同，如表 1-1 所示。

表 1-1　　　　　　　　　　　　不同层次管理者的工作重点

管理层次	管理技能
高层领导者	概念技能
中层管理者	人际技能
基层执行者	专业技能

四、管理者应具备的素质和能力

由于管理者担负着特殊的职能，因此对他们的素质和能力也有着特殊的要求。管理者素质与能力的优劣，直接关系到其所辖的组织效能的高低。

管理者的素质要求如下：

1. 政治素质

对于管理者，特别是对领导干部政治素质的要求主要包括三个方面：一是要精通马克思主义的基本原理；二是要坚持党的基本路线；三是要全心全意为人民服务。

2. 品德素质

作为现代管理者应具备的道德素质主要有以下几点：一是强烈的事业心和高度的责任感；二是公道正派，与人为善；三是谦虚谨慎，作风民主；四是以身作则，清正廉洁。

3. 知识素质

对于一个管理者应力求掌握以下几方面的知识：一是自然科学知识；二是社会科学知识；三是专业知识。

4. 业务素质

作为管理者所应具备的专业素质，主要是指管理知识与技能，如科学决策能力、知人善任能力、组织协调能力、开拓创新能力等。

本 章 小 结

管理学是研究各类组织管理活动的基本规律和一般方法的学科。而企业是市场的基本经济细胞和竞争主体。本章中重点探讨了以企业为研究对象的管理学的基本概念、原理、方法和内容。同时管理作为一种人类的实践活动，是伴随着人类历史而产生和发展的，每一重要阶段都留下了管理的印迹和思想遗产，各个阶段都有其思想代表人物与管理特点。本章中还介绍了管理思想发展的历史进程，阐述了各个时期具有代表性的管理理论，探讨了管理理论产生的社会背景及其在管理发展中的地位与作用。

【阅读材料】

厄威克和古利克的贡献

泰勒等一些前驱者创立的古典管理理论为以后许多管理学者所研究、传播并加以系统化，其中做出较为突出贡献的是英国管理学者厄威克和美国管理学者古利克。厄威克的主要著作有《管理的要素》、《组织的科学原则》、《管理备要》等。他提出了自认为适用于一切组织的10条原则：目标原则、专业化原则、协调原则、职权原则、职责原则、明确性原则、一致性原则、管理宽度原则、平衡原则和连续性原则。古利克的主要著作之一是他和厄威克合编的《管理科学论文集》。在这本论文集中，他把古典管理学派有关管理职能的理论加以系统化而提出了有名的"POSDCRB"七职能论：计划、组织、人事、指挥、协调、报告和预算。

复习思考题

1. 管理二重性是怎么产生的？
2. 泰勒为什么被称为"科学管理之父"？
3. 梅奥的人际关系学说在管理实践中有何意义？
4. 作为一名管理者应具备哪些素质？

📁 **案例分析**

"卓越服务"理念的衡量标准

新京港物业管理公司是一家中外合资企业，其总经理由香港投资方担任。这位总经理在物业管理这个行业中可以说是专家中的专家，他秉持着"用卓越的服务不断提升顾客满意度"，并以此作为公司的企业文化。经过两年来的运作，他发现部门间在协调、协作上常常产生很多的问题。由于各部门协作上的不良，因此顾客常常表示不满意。这些顾客都是在世界级的公司服务，他们对于顾客的服务也都以"世界级顾客服务"为方针，所以他们对物业管理的要求也自然用高标准来衡量。

一次，有位客户打报修电话，电力系统工程部接到电话后，派相关人员到达现场，经过检查，发现问题不是出在他们所负责的弱电部分。这位工程师给强电主管打电话，对方的口气颇不友善，并直接答复说，他已经派人检查过，问题应该由弱电负责。可是这位负责弱电工程师认为应该由强电负责，于是双方就开始理论，引起了争吵。由于双方之间的冲突，顾客没有得到及时服务，顾客特别向公司高管投诉。当公司把强、弱电主管分别找去谈话了解实情时，双方都还在互相推诿，认为应该对方负责。类似这种状况在这家物业管理公司是司空见惯，如果没有上层主管确定谁应负责，事情要推动就格外地不容易。

当物业公司需要住户填写表格时，行政部门就把此项任务交给前台人员协助办理。而前台人员对此却抱怨连连，由于他们平日工作比较烦琐，工作常需与他人互动，无法专心思考，对于填写这种表格的事情他们认为其他部门也可协助完成。于是，他们婉拒这项任务并设法推给其他部门人员。前台人员碰到顾客反映某些意见时，他们通常会请顾客打电话直接去找相关人员。他们在发挥更多的热忱及主动为顾客服务上无法落实公司理念。此外，前台与保安部门也存在着一些矛盾，他们之间的沟通及协作有时很困难。

又有一次，财务部的人员在大楼走道上，发现清扫过的水渍未擦干，他们应该通知行政部门注意此事，可是财务部觉得这不是他们的事情，没有及时反映，以致造成了顾客在湿滑的大理石地板上摔到，受伤的客户要求物业赔偿，甚至扬言不再交物业费以示抗议。还有一次，有客户投诉，工程技术人员在处理客户在办公室内加装空调时，态度强硬，没有体谅客户的困难，事后顾客在填写服务反馈表时，表示对服务非常不满意。工程技术人员竟然将表格退还给客户要求他重新填写，理由是，这种反馈会使他的绩效受到影响。因此"卓越服务"的理念成为一种形式，成为一种表面假象。这位来自香港物业公司的总经理感到压力重重。

【问题】

（1）分析新京港物业管理公司案例中体现管理的实质是什么？管理作用如何体现？

（2）用管理的科学性与艺术性说明这个案例。

（3）如何解决新京港物业管理公司的管理问题，你有哪些建议？

实 践 训 练

【实训项目】管理思想分析。

【实训目标】

（1）增强对现代管理思想的感性认识。

（2）培养对组织的管理思想的分析能力。

【实训内容】

（1）在实际企业中，或网络、报刊中，搜集一个或几个我国改革开放后的有关管理的案例或资料（最好是一事一议性的简短事例）。

（2）应用所学理论，分析其管理思想。

（3）以班级为单位组织一次关于管理理论与管理思想的沙龙。放开思路，自由畅想，每个班级成员都可以作介绍、谈体会。

【实训过程】

（1）每个人认真分析、搜集有关资料。

（2）在课下准备，可安排 1～2 课时集中讨论。

第二章 企业管理概述

学习目标

1. 了解企业的含义、分类。
2. 掌握现代企业制度的特征。
3. 了解注册公司基本的程序。

第一节 企业概述

一、企业的含义及特征

企业是从事生产、流通、服务等经济活动，向社会提供产品或劳务，满足社会需要并获取盈利，实行自主经营、自负盈亏、独立核算，具有法人资格的经济组织。

企业的职业特征：企业是从事商品或劳务生产和经营的基本经济组织。企业的这一特征表明在社会经济活动中企业主要进行的是什么活动，发挥什么作用，从事的是什么职业等。

企业的行为特征：企业是自主经营、自负盈亏的经济实体。企业的这一特征是判断经济组织能否成为真正企业形态的重要标志。

企业的人格特征：企业是具有法人资格的经济实体。企业的人格特征规定了企业必须依法成立，具有民事权利能力和民事行为能力，依法独立享有民事权利和承担民事义务的组织。

企业的目标特征：满足社会需要和获取盈利，其中追求最大化利润是企业的基本目标。

二、企业的分类

（一）按企业所从事的经济活动分类

（1）生产型企业：主要指从事生产的工业企业、农业企业和建筑安装企业等。

（2）流通型企业：主要指交通运输企业、邮政电信企业和贸易型企业等。

（3）服务型企业：主要指金融、饮食、旅游、咨询、信息服务等企业。

（二）按生产要素的结构分类

按企业生产要素的结构的不同，企业可分为劳动密集型企业、资本密集型企业、知识技术密集型企业。

（三）按所有制形式分类

按所有制形式的不同，企业可分为全民所有制企业、集体所有制企业、私营企业、合营企业、外资企业等。

（四）按企业的规模分类

按企业规模大小，企业可分为大型企业、中型企业和小型企业等。

（五）按企业产权的组织形式分类

1. 业主制独资企业

由资产者个人出资兴办，又由其自己经营管理，这种企业在法律上称为自然人企业。

2. 合伙制企业

由两个或两个以上业主订立契约，共同出资，共同经营，共同分享利润。

3. 公司制企业

这是现代企业的主要形式。公司制企业是指按法定出资者人数出资组成的以营利为目的、具有法人资格的经济实体。公司制企业实现了经营权与所有权的分离，建立了相互制衡的组织制度，有利于规范化和科学化经营。独立的法人地位摆脱了自然人的束缚，不再因股东或管理人员的变动等因素影响企业的生存与发展。公司制企业主要有以下几种形式：

（1）有限责任公司。有限责任公司是由股东共同出资，每个股东以其所认缴的出资额对公司承担有限责任，公司以其全部资产对其债务人承担责任的企业法人。

有限责任公司的基本特征：①公司的全部资产不分等额股份，公司向股东签发出资证明书，不发行股票；②公司的股份转让有严格的限制；③股东人数也在法律上有上下限，股东按出资额享受权利和承担义务等。

（2）股份有限公司。股份有限公司是指注册资产由等额股份构成，并通过发行股票或股权证筹集资本，股东以其认购的股份对公司承担有限责任，公司以其全部资产对公司债务承担责任的企业法人。

除此以外，股份有限公司还具有之下特征：股票可交易转让；股东人数有下限界定；每1股有1票表决权；股东以其持有股份数，享有权利和承担义务；公司应把经注册会计师审查验证的会计报告公开。

三、现代企业制度

从企业构成要素中的关系角度看，企业是指各种生产要素的所有者为了追求自身利益，通过一定的契约方式而组成的经济组织。其中企业各生产要素中的关系就是企业制度，企业制度是企业能实现其特定目标的保证。

（一）现代企业制度的含义

所谓现代企业制度是指以完善的法人产权为基础，以有限责任为基本特征，以专家为中心的法人治理结构为保证，以公司为主要形态的企业制度。

（二）现代企业制度的基本特征

（1）产权清晰。产权清晰主要是指产权关系与责任的清晰。完整意义上的产权关系是多层次的，它表明财产最终归谁所有、由谁实际占有、谁来使用、谁享受收益、归谁处置等产权中的一系列关系。

（2）权责明确。即用法律来界定出资者与企业的关系，明确各自的责、权、利，从而形成各生产要素中的科学的、行之有效的相互制衡的法人治理结构。

（3）政企分开。这主要是针对国有企业而言的，是指必须把政府行政管理职能和企业经营管理职能分开，取消企业与政府中的行政隶属关系。

（4）管理科学。即现代企业必须形成一套严格、科学、系统的管理制度。一是科学的组织管理机构，使企业权力机构、经营机构和监督机构权责明确、相互制衡、各司其职；二是科学的内部管理体制，包括合理的领导体制、科学的决策体制、民主的管理体制、严格的核算体制等管理制度；三是科学的企业规章制度等。

（三）现代企业制度的主要内容

1. 现代企业产权制度

企业的产权制度就是企业的法人财产制度，它是以公司的法人财产为基础，以出资者原始所有权，公司法人财产权与公司经营权相互分离为特征，以股东会、董事会、执行机构为法人治理结构来确定各自权力。公司是一个法人治理结构来统治管理；公司治理结构是由股东会、董事会和高级经理人员组成的一种组织，三者权责明确、相互制衡。

2. 现代企业组织制度

根据企业自身的实际情况，建立符合本企业特点的组织机构，以更好的现代企业法人治理结构更明确地落实（具体的）股东大会、董事会、经理机构和监事会的权利和责任。

3. 现代企业管理制度

管理制度是有关约束和调整企业经营管理活动中，各种经营管理行为方式和关系的行为规则。现代管理制度要适应市场经济的发展，符合企业的实际状况，一般包括以下几个方面：

（1）具有正确的经营思想和能适应企业内外环境变化，推动企业发展的经营战略。

（2）建立适应现代化大生产要求的领导制度。

（3）倡导"以人为本"的经营理念，充分发掘企业人力资本的潜力。

（4）建立高效的组织机构和管理制度。

（5）运用现代的生产方式和先进的生产技术等。

第二节　企 业 的 创 立

【案例 2.1】

朱 雅 的 创 业 之 路

1. 用心实习，点燃久违创业梦

朱雅从小就痴迷于电子信息技术，自高中起就自学了模拟电子和数字电子技术，上大学以后，他更是对电子信息行业孜孜以求。大一的时候，一次偶然的机会，朱雅申请到了广州数控设备有限公司实习，至此便与工程控制结下了不解之缘。实习过程中，细心的朱雅发现国内在中高端的数控切割领域市场容量很大。经过详细的调研，他了解到，国内中高档大功率大幅面切割机的数控系统大多采用国外知名公司的数控系统，不仅价格昂贵，而且一般没有针对具体的切割机，往往需要用户二次开发，非常麻烦，且不利于本土化生产。如果能在这方面有所突破，那么它带来的市场利润空间将是巨大的。那时朱雅便暗下决心朝这个方向去努力，以后一有机会就下海创业。

2. 孜孜以求，寻找技术突破口

为了寻找数控切割的技术突破口，朱雅几乎所有课余时间都投入到数控实习和学习中，并虚心地向老工程师请教。几年来，他利用学校图书馆查阅了大量外国文献，并在暑假期间，经朋友介绍，走访调研了不少国内切割机的整机厂家。经过大量的市场调研后，朱雅觉得可以从激光切割机运动控制系统入手。由于他的虚心、踏实以及自身过硬的技术，在他的带领下，一支以他为核心的研发团队逐渐形成，这些人中有志同道合的朋友，有大学的同班同学，不少有多年经验的工程师也愿意加入朱雅的研发行列。

从研发雏形到现在纳米切割控制系统的正式落地生产，经历了整整 3 年。当身边的很多同学在为找工作而发愁时，朱雅已经是业内小有名气的工程师了。朱雅带领的团队一起经历了很多重大科研项目，从项目中学会了团队合作、项目管理、资金运转等等必备技能。在工作开展的过程中，他们也遇到了很多困难，比如人员中途退出、资金周转困难、项目进度滞后，一系列的问题他们都一起解决了。3 年来，朱雅带领的团队写下了近 50 万行的代码，实现了 3 核处理器的互相通信，第一套纳米级激光切割控制系统应运而生，并成功申请了高新技术发明专利。

3. 借力下海，开启创业新征程

2012 年大学毕业后，朱雅没有选择马上注册公司，而是先到大企业工作，继续从事工程数控工作。"在成熟的企业工作不仅提高了我的工作水平和管理能力，也使我对业内企业的生产控制流程有了更详细的了解，这为我以后自己创业打下了扎实的基础。"朱雅如是说。随着时间的推移，朱雅研发的产品也逐渐定型，其中技术含量最高的是激光切割机运动控制卡，这是十几门交叉学科的产品，门槛高，需要投入的研发费用和人力也最多，他们仅仅写一个上位机软件就花了整整 10 个月时间。在毕业后的一年间，他带领着他的团队夜以继日，白天要上班，上班回来马上投入产品的研发，正是在这种氛围下，他们的潜力被挖掘出来了。有了成熟的产品，有了广泛的销售渠道，朱雅认为，是时候下海创业了。

那么，朱雅该如何去创业，如何开办公司呢？

（本案例选自高等教育出版社 2015 年 5 月出版的《大学生创业优秀案例》中《挑战国外垄断——广州创龙电子科技有限公司创业案例》）。

一、选择公司的形式

普通的有限责任公司，最低注册资金 3 万元，需要 2 个（或以上）股东，从 2006 年 1 月起新的《中华人民共和国公司法》规定，允许 1 个股东注册有限责任公司，这种特殊的有限责任公司又称"一人有限责任公司"（但公司名称中不会有"一人"字样，执照上会注明"自然人独资"），最低注册资金 10 万元。

如果你和朋友、家人合伙投资创业，可选择普通的有限责任公司，最低注册资金 3 万元；如果只有你一个人作为股东，则选择一人有限责任公司，最低注册资金 10 万元。

二、注册公司的步骤

（1）租房。去专门的写字楼租一间办公室，如果你自己有厂房或者办公室也可以。租房后要签订租房合同，并让房东提供房产证的复印件。签订好租房合同后，还要到税务局去买印花税，按年租金的千分之一的税率购买，贴在租房合同的首页，后面凡是需要用到租房合同的地方，都需要是贴了印花税的合同复印件。

（2）核名。到工商局领取一张"企业（字号）名称预先核准申请表"，填写你准备取的公司名称，由工商局上网（工商局内部网）检索是否有重名，如果没有重名，即可以使用这个名称，就会核发一张"企业（字号）名称预先核准通知书"。这一步的手续费是 30 元，部分地区可能有政策优惠，免收费。

（3）编写"公司章程"。可以在工商局网站下载"公司章程"的样本，修改一下就可以了。章程的最后由所有股东签名。

（4）去银行开立公司验资户。所有股东带上自己入股的那一部分钱到银行，带上公司章程、工商局发的核名通知、身份证、用于验资的钱、法人代表的私章、空白询证函表格（由会计师事务所提供并盖章），到银行去开立公司账户。开立好公司账户后，各个股东按自己出资额向公司账户中存入相应的钱。银行会发给每个股东缴款单，并在询证函上盖银行的章。

注意：《公司法》规定，注册公司时，投资人（股东）必须缴纳足额的资本，可以以货币形式（也就是人民币）出资，也可以以实物（如汽车）、房产、知识产权等出资，到银行办的只是货币出资这一部分。

（5）办理验资报告。拿着银行出具的股东缴款单、银行盖章后的询证函，以及公司章程、核名通知、租房合同、房产证复印件，到会计师事务所办理验资报告。一般费用 500 元左右（50 万以下注册资金）。根据各地政策规定不同，注册小微企业一般可以省略此项步骤。

（6）注册公司。到工商局领取公司设立登记的各种表格，包括设立登记申请表、股东（发起人）名单、董事经理监理情况、法人代表登记表、指定代表或委托代理人登记表。填好后，连同核名通知、公司章程、租房合同、房产证复印件、验资报告等一起交给工商局。大概 3 个工作日后可领取营业执照。此项费用约 300 元，部分地区可能有政策优惠，免收费。

（7）凭营业执照，到公安局指定的刻章社刻公章、财务章。后面步骤中，均需要用到公章或财务章。

（8）办理企业组织机构代码证。凭营业执照到质量技术监督局办理组织机构代码证，费用是 80 元左右，各地收费可能有所不同。质量技术监督局会首先发一个预先受理代码证明文件，凭这个文件就可以办理后面的税务登记证、银行基本户开户手续了。

（9）去银行开立基本户并划资。凭营业执照、组织机构代码证，去银行开立基本账号，并划转注册资金到基本账户。最好是在原来办理验资时的那个银行的同一网点去办理，否则会多收一定的验资账户费用。

开立基本户需要填很多表，最好把能带齐的东西全部带上，包括营业执照正本原件、身份证、组织机构代码证、公司财务章、公司法人章等。开立基本户时，还需要购买一个密码器。今后新公司开支票、划款时，都需要使用密码器来生成密码。

（10）办理税务登记。领取营业执照后，30 日内到当地税务局申请领取税务登记证。一般的公司都需要办理两种税务登记证，即国税和地税，费用是各 40 元，部分地区可能有政策优惠，免收费。

办理税务登记证时，必须有一个会计，因为税务局要求提交的资料中有一项是会计资格证和身份证，可预先请一个兼职会计。

（11）申请领购发票。如果新公司是销售商品的，应该到国税去申请发票，如果是服务性质的公司，则到地税申领发票。

最后企业就可以开始营业了。注意：①每个月按时向税务机构申报税，即使没有开展业务不需要缴税，也要进行零申报；否则会被罚款。②公司必须建立健全的会计制度。刚开始成立的公司，业务少，对会计的工作量也非常小，可以请一个兼职会计，每个月到新公司帮建账，每月费用为 300 元～800 元（依据当地实际行情定）。③根据实际情况，公司还需要分别到统计局、人力资源和社会保障局办理统计登记、社会保障登记手续。

公司注册的流程中主要是办理"三证"：工商营业执照（证）、组织机构代码证、税务登记证。以深圳市为代表，2015 年以来北京市、江苏省等地注册公司的行政手续先后趋于简化，开始实施工商营业执照、组织机构代码证和税务登记证"三证合一"登记制度改革。

🔓 **知识链接**

2014 年国务院发布的 20 号文件中要求，由工商总局、中央编办牵头负责，简化手续，缩短时限，鼓励实行工商营业执照、组织机构代码证和税务登记证"三证合一"登记制度。2015 年工商总局在"三证统发"的基础上，全面推开"一照三号"（即"三证合一"），最大限度降低社会成本和行政成本。

"三证合一"的前后变化如表 2-1 所示。

表 2-1　　　　　　　　　　　　　"三证合一"的前后变化

之 前	之 后
需要领取 3 个证，分别是营业执照、组织机构代码证，税务登记证	只需领一个营业执照，组织机构代码证号和税务登记证号也在上面
需要跑工商、质监、国税、地税 4 个部门，至少要跑 8 趟，需要提交 4 份申请表	只需向综合窗口提交一份申请表，只需要跑两趟
需要提交的材料多达 26 份	只需要 13 份（其中一份还是领证后提交的）
需要填写 166 个数据项	只需要填写 74 项
登记部门做出是否准予登记的决定至少需要一周以上的时间	登记部门做出是否准予登记的决定一般只需要 3 天的时间

第三节　现代企业管理原理

一、系统原理

系统原理，认为管理是一个系统，其各要素不是孤立的，要实现管理目标必须对企业经营管理活动及其要素进行系统分析、综合治理，这就是系统原理。系统原理包括两个原则：

1. 整分合原则

根据系统原理，系统是由一些可以互相区别的要素组成，而且是可以分解的，系统的各个要素又存在有机的联系，因而是可以综合的。现代高效率的管理，必须在整体规划下明确分工，在分工基础上有效地综合，这就是整分合原则。

2. 封闭原则

封闭原则指一个系统内的各种管理机构之间，各种管理制度，方法之间必须具有相互制约的关系，才能形成有效的管理活动。

二、人本原理

现代管理思想把人的因素放在第一位，重视处理人与人的关系，强调人的自觉性和自我实现精神，主张以人及人的积极性、主动性、创造性为管理核心和动力，为了实现管理目标，一切管理工作必须以提高人的素质，调动人的积极性、主动性和创造性，做好人的工作为根本，这就是管理的"人本原理"。

1. 能级原则

在企业管理中，机构、人员、制度等都有一个能量问题，能量大，作用就大。能级原则的主要含义是：在管理系统中建立一套合理的能级，即根据各个单位和个人的能量大小来安排其地位和任务，使才能与职位相称，这样一种结构，才能充分发挥不同能级的能量，才能保证结构的稳定性和有效性。

2. 动力原则

管理必须有强大的动力,并且正确地运用动力,才能使管理运动持续有效地进行下去,这就是动力原理。企业管理中有 3 类基本动力:物质动力、精神动力、信息动力。

三、动态原理

为了实现管理目标,使企业取得最佳效益,管理过程的每一个步骤都必须实行动态调节,这就是管理的动态原理。

1. 反馈原则

反馈是控制论的一个基本概念,也是管理中的一种普遍现象。它指把系统的一部分输出信息返送到输入端,比如下级把执行决策的有关情况汇报制定决策的上级,就是管理中的信息反馈。利用信息反馈了解过去的情况,根据过去的情况调整未来的行动。这就是反馈原则的实质。

反馈有正反馈和负反馈之分。正反馈会增大输入对输出的影响,负反馈会减少输入对输出的影响。

2. 弹性原则

为了适应客观变化和动态管理的需要,管理必须保持一定弹性,这是弹性原理的基本含义。

弹性原则在企业管理中的重要性在于:管理所面临的问题是多因素的,这些因素既存在复杂联系又是经常变化的,事先不能精确估计。因此,管理中计划方案管理的方法都应当有一定弹性,也就是适应性和应变能力。

四、效益原理

企业的根本目的在于充分发挥企业组织的职能作用,取得更多、更好的经济效益和社会效益,做到经济效益和社会效益的统一。

本 章 小 结

企业是社会的基本经济组织,本章主要介绍企业的含义、现代企业制度的特征、如何创立企业,以及现代企业管理原理。

【阅读材料】

有限责任公司设立的条件

有限责任公司有以下两种类型:

(1)有限责任公司由 50 个以下股东出资设立,设立此有限责任公司,应当具备下列条件:①股东符合法定人数;②股东出资达到法定资本最低限额;③股东共同制定公司章程;④有公司名称,建立符合有限责任公司要求的组织机构;⑤有公司住所。

由 50 个以下的股东出资设立的有限责任公司章程应当载明下列事项:①公司名称和住所;②公司经营范围;③公司注册资本;④股东的姓名或者名称;⑤股东的出资方式、出资额和出资时间;⑥公司的机构及其产生办法、职权、议事规则;⑦公司法定代表人;⑧股东会会议认为需要规定的其他事项。股东应当在公司章程上签名、盖章。

有限责任公司注册资本的最低限额为人民币 3 万元。公司全体股东的首次出资额不得低于注册资本的 20%，也不得低于法定的注册资本最低限额，其余部分由股东自公司成立之日起两年内缴足；其中，投资公司可以在五年内缴足。股东缴纳出资后，必须经依法设立的验资机构验资并出具证明。股东的首次出资经依法设立的验资机构验资后，由全体股东指定的代表或者共同委托的代理人向公司登记机关报送公司登记申请书、公司章程、验资证明等文件，申请设立登记。

有限责任公司成立后，发现作为设立公司出资的非货币财产的实际价额显著低于公司章程所定价额的，应当由交付该出资的股东补足其差额；公司设立时的其他股东承担连带责任。有限责任公司成立后，应当向股东签发出资证明书。

出资证明书应当载明下列事项：①公司名称；②公司成立日期；③公司注册资本；④股东的姓名或者名称、缴纳的出资额和出资日期；⑤出资证明书的编号和核发日期。出资证明书由公司盖章。

有限责任公司应当置备股东名册，记载下列事项：①股东的姓名或者名称及住所；②股东的出资额；③出资证明书编号。记载于股东名册的股东，可以依股东名册主张行使股东权利。

公司应当将股东的姓名或者名称向公司登记机关登记；登记事项发生变更的，应当办理变更登记。未经登记或者变更登记的，不得对抗第三人。公司成立后，股东不得抽逃出资。

（2）一人有限责任公司，是指只有一个自然人股东或者一个法人股东的有限责任公司。一人有限责任公司的注册资本最低限额为人民币 10 万元。股东应当一次足额缴纳公司章程规定的出资额。一个自然人只能投资设立一个一人有限责任公司。该一人有限责任公司不能投资设立新的一人有限责任公司。一人有限责任公司应当在公司登记中注明自然人独资或者法人独资，并在公司营业执照中载明。一人有限责任公司应当在每一会计年度终了时编制财务会计报告，并经会计师事务所审计。一人有限责任公司的股东不能证明公司财产独立于股东自己的财产的，应当对公司债务承担连带责任。一人有限责任公司的设立与有限责任公司的设立一样。

股份有限公司的设立条件

（1）发起人符合法定的资格，达到法定的人数。

发起人的资格是指发起人依法取得的创立股份有限公司的资格。股份有限公司的发起人可以是自然人，也可以是法人，但其中须有过半数的发起人在中国境内有住所。

设立股份有限公司，必须达到法定的人数，应有 5 人以上的发起人。国有企业改建为股份有限公司的，发起人可以少于 5 人，但应当采募集设立方式。规定发起人的最低限额，是设立股份有限公司的国际惯例。如果发起人的最低限额没有规定，一则发起人太少难以履行发起人的义务，二则防止少数发起人损害其他股东的合法权益。对发起人的最高限额则无规定。

（2）发起人认缴和向社会公开募集的股本达到法定的最低限额。

股份有限公司须具备基本的责任能力，为保护债权人的利益，设立股份有限公司必须要达到法定资本额。我国股份有限公司的资本最低限额不得低于 1000 万元人民币。对有特定要求的股份有限公司的注册资本最低限额需要高于上述最低限额的，由法律、行政法规另行规定。

发起人可以用货币出资，也可以用实物、工业产权、非专利技术、土地使用权作价出资。发起人以货币出资时，应当缴付现金。发起人以货币以外的其他财产权出资时，必须进行评估作价，核实财产，并折合为股份，且应当依法办理其财产权的转移手续，将财产权由发起人转归公司所有。

发起人以工业产权、非专利技术作价出资的金额不得超过股份有限公司注册资本的20%。

（3）股份发行、筹办事项符合法律规定。

股份发行、筹办事项符合法律规定，是设立股份有限公司所必须遵循的原则。

股份的发行是指股份有限公司在设立时为了筹集公司资本，出售和募集股份的法律行为。这里讲的股份的发行是设立发行，是设立公司的过程中，为了组建股份有限公司，筹集组建公司所需资本而发行股份的行为。设立阶段的发行分为发起设立发行和募集设立发行两种。发起设立发行是指由公司发起人认购应发行全部股份的行为；募集设立发行是公司发起人只认购公司应发行股份的一部分，其余部分向社会公开募集，并由社会公众认购该股份的行为。

股份有限公司的资本划分为股份，每一股的金额相等。公司的股份采取股票的形式。股份的发行实行公开、公平、公正的原则，且必须同股同权、同股同利。同次发行的股份，每股的发行条件、发行价格应当相同。

以发起方式设立股份有限公司的，发起人以书面认定公司章程规定及发行的股份后，应即缴纳全部股款。

以募集方式设立股份有限公司的，发起人认购的股份不得少于公司股份总数的35%，其余股份应当向社会公开募集。发起人向社会公开募集股份时，必须依法经国务院证券管理部门批准，并公告招股说明书，制作认股书，由依法批准设立的证券经营机构承销，签订承销协议，同银行签订代收股款协议，由银行代收和保存股款，向认股人出具收款单据。

招股说明书应载明下列事项：①发起人认购的股份数；②每股的票面金额和发行价格；③无记名股票的发行总数；④募集资金的用途；⑤认股人的权利、义务；⑥本次募股的起止期限及逾期未募足时认股人可以撤回所认股份的说明。

（4）发起人制定公司章程，并经创立大会通过。

股份有限公司的章程，是股份有限公司重要的文件，其中规定了公司最重要的事项，它不仅是设立公司的基础，也是公司及其股东的行为准则。因此，公司章程虽然由发起人制订，但以募集设立方式设立股份有限公司的，必须召开由认股人组成的创立大会，并经创立大会决议通过。

（5）有公司名称，建立符合股份有限公司要求的组织机构。

名称是股份有限公司作为法人必须具备的条件。公司名称必须符合企业名称登记管理的有关规定，股份有限公司的名称还应标明"股份有限公司"字样。

股份有限公司必须有一定的组织机构，对公司实行内部管理和对外代表公司。股份有限公司的组织机构是股东大会、董事会、监事会和经理。股东大会是由股东组成的公司权力机构，公司的一切重大事项都由股东大会作出决议；董事会是执行公司股东大会决议的执行机构；监事会是公司的监督机构，依法对董事、经理和公司的活动实行监督；经理由董事会聘任，主持公司的日常生产经营管理工作，组织实施董事会决议。

（6）有固定的生产经营场所和必要的生产经营条件。

复习思考题

1. 现代企业制度有哪些特征？
2. 有限责任公司和股份有限公司的特点各是什么？
3. 作为企业法人应具备哪些条件？
4. 新企业注册登记的主要流程是什么？

📁 **案例分析**

"京东范儿"的人才管理

对京东而言，踏上国际征程的途中，最重要的是以京东的发展速度培养、成就具有"京东范儿"的京东人。

早在 2013 年，京东按其一贯"先人后企"的节奏部署了培养"国际范儿"京东人的人才战略。2 月，首次启动圆桌式人才盘点，梳理出企业的国际版使命、愿景和价值观，发布京东人才观。10 月，高层远赴美国选聘第一届国际管培生。同时，创新京东 TV、京东 talk 等培训方式，搭建大学习平台，提供更大的舞台，帮助京东人快速成长。

（一）京东人——京东制胜的"法宝"

"社会上符合京东价值观的人可能只有 10%，而我们需要从这 10% 的人中再挑选出 10% 的精英，邀请他们加入。"京东首席人力资源官兼法律总顾问强调说，尽管应聘者非常优秀，但只要他曾经有过与京东价值观相悖的行为，京东绝不会为它打开希望之门。这是京东 HR 坚守的原则，同时也是京东之所以能在纷繁复杂、群雄并起的电商角逐中脱颖而出、独具一格的原因——拥有共同价值观的京东人。

（二）梳理京东价值观，开放式人才盘点

2012 年 12 月，京东启动了企业文化梳理项目，通过高管工作坊讨论和员工调研，参考咨询公司的意见，京东梳理出十年发展沉淀的文化价值观——始终以客户为先，坚持诚信、团队、激情、创新的精神。2013 年 3 月正式发布新版京东使命、愿景、价值观以及人才观，8 月便完成了全国 3 万多员工的全面覆盖。

2013 年 6 月，京东首次启用圆桌会议的形式，对 700 名管理者进行开门盘点，最终形成由 168 名 HIPO（高潜）经理和 31 名 HIPO（高潜）总监组成的人才池。此次盘点是以九宫格评分的方式进行，操作过程严格按照机制公平、流程透明的要求执行。"高管在对 VP 进行盘点时，需要所有高管共同讨论才能决定他是否真正具备某项能力。"隆雨表示，开放、客观的人才盘点为京东打造阶梯式人才培养模式和 Fast-tracking Platform（人才发展快速通道）提供了强有力的支持。

（三）"4S"文化，成长成就京东人

京东人才观可总结为"一个中心，三个基本点"：以成长成就京东人为中心，通过重德重才选拔人、全心全意培养人、能上能下激励人三个标准实现中心目标。为了使京东人才观深入人心，京东在员工内部推行"4S"文化的价值理念，即 JD Style、JD Stage、JD Speed、JD Success。

JD Style——"寻觅京东范儿"。京东的每位员工都可以有范儿。如果是一名配送员，会因为单量高或者有自己独特的技巧而成为一种 JD Style；如果是一名管培生，只要能力突出，为公司做出贡献，也是一种 JD Style。无论是从京东的管理哲学，还是管理实践，都可以看出京东最看重的是人，只有充分发挥人的作用，才能达成目标。所以，京东在不断地寻找不同的范儿。

JD Stage——"京东大舞台"。所谓"大舞台"是指随着员工能力的提升，京东提供给员工的平台会越来越大。当 HR 发掘出各种范儿的员工后，会为他们提供更大的舞台，展现他们的能力。在京东，机会是给有能力的人，关键在于他能力的提升速度是否能跟上"新舞台"的节奏。

JD Speed——"京东式成长速度"。随着舞台的不断变换，员工的"功力"必然需要增强，所以京东会为员工匹配相应的培训项目，强化员工工作中的薄弱环节。尽管针对不同层级的员工，有不同的培训方式，但是都会让他们像京东的发展速度一样快速地成长。

JD Success——"在京东获得成功"。Success 是员工在京东收获的最后一个"S"，即他可能做着平凡的工作，但在京东却能收获成功的事业，或者不一样的人生。

（四）培训体系三大支柱

京东的人员结构是二元结构，近 70%的员工是仓储、配送、客服等一线蓝领员工，另外 30%是具有互联网属性的电子商务白领。两类群体特点各异，前者更注重执行力。结合员工特性和业务发展需求，京东从领导力、专业力和通用力 3 方面搭建培训体系。

（五）让领导力迅速跟上领导

京东的发展速度是惊人的，而留给员工成长的时间是有限的。为了让人岗匹配率跟上京东的发展速度，京东尝试过用各种方法及时填补岗位空缺，却发现"人在其位，未能谋其政"——管理者不具备其岗位应有的管理技能。领导力项目就是为快速满足业务发展需要，迅速把在岗管理者培养成为合格的管理者而设计的，采用铺布的方式，从上往下逐层推进。

[资料来源：刘一. 成功案例：京东培训体系大揭秘 [J]. 培训，2014（4）.]

【问题】

（1）在京东的管理中体现出哪些企业管理的原理？

（2）谈谈你对京东公司企业文化与人才管理的理解。

（3）结合案例说明你对现代企业管理特点的初步认识。

实 践 训 练

【实训项目】组建模拟公司。

【实训目标】

（1）掌握新公司注册的主要操作流程。

（2）培养系统思考、团队合作的能力。

（3）培养分析、归纳与讲演的能力。

【实训内容】根据所学知识以及对实际企业调查访问所得信息资料，组建模拟公司。要求课前有实际调查，组成创业小组，小组成员分工协作。

（1）组建"××公司"，自定公司名称、经营范围、部门设置、人员配置、经营地址等内容。

（2）进行总经理竞聘。每个人都要起草竞聘总经理的讲演稿或发言提纲，并在公司中发表竞聘讲演。最后由公司全体成员投票选举产生总经理。

（3）各小组轮流汇报商定好的新公司名称、人员配置等信息，其他小组提问。

【实训组织】

（1）以自愿为原则，6～8人为一组。

（2）班级组织一次交流，每个公司推荐两名成员发表竞聘讲演。

（3）以小组为单位，进行课堂讨论与总结。

【实训评估】

（1）小组间互评，评选最佳创业公司和最优秀的竞聘总经理者。

（2）由教师进行整体总结及点评，反馈企业创建重点。

【实训提示】选择合适的行业的诀窍：第一，应当选择时下比较热门的行业；第二，应当选择适合当地习俗、迎合当地消费者需要的行业；第三，应当选择国家地方政策鼓励的行业；第四，应当选择投资规模比较小的行业；第五，应当选择资金回报率比较高的行业；第六，应当选择成长性比较好的项目；第七，应当选择技术门槛比较高的行业；第八，应当选择创业团队自身熟悉的行业。

第三章 计 划 与 决 策

✔ 学习目标

1. 了解计划、决策的含义。
2. 掌握做计划的工具和方法。
3. 熟知决策的程序。
4. 掌握定量决策的方法。

第一节 计 划

【案例3.1】

如何制定周计划

每周的工作都要有计划，这样才能更好地落实月计划，制定周计划时建议采取以下方法：

1. 确定周计划的时间

是从周一到周日，还是从周六到周五，这要根据公司是如何进行考核与管理来定；在每一天中包括白天与夜晚，尤其是周一至周五，周六、周日的时间要单独制定。

2. 周计划的内容

周计划的内容应包括工作、学习与生活三大部分，尤其是生活中的家庭、聚会、旅游等都要安排进去，特别是周六与周日是如何利用的，当然这部分是个人所掌握的。

3. 按事情的大小、重要性进行排列

一定要分清主次，同时对完成的工作可分为自己独立完成、需配合完成、别人完成等不同的类别，必须完成的一定要完成，一定要有工作台账或工作任务清单。

4. 按每天进行排列，也就是要将这些事情安排到这七天中去。

七天的时间很短，所以每天都要有一个日计划，要有日工作清单，这样与周计划可以相结合。

5. 特别时间安排

其实领导的大部分时间是安排与沟通工作，尤其是对上与对下都要及时地沟通，只有去沟通才能解决问题，问题的积压与不理解都是沟通不到位的表现。

6. 周计划的检查

每周三下午或周四上午一定要再检查一遍，看是否完成及完成得怎么样。如果完成不好，那么就要采取措施，决定周六、周日是否加班，周计划是必须要保证完成的。

7. 周计划的奖罚

一般对周计划没有奖罚，因为没有考核，所以应该对周计划制定相应的奖罚措施，一是对完成好者要奖，二是对完成不好者要罚，并与月考核相挂钩，并进行总结。

8. 周计划的开会汇报

周计划的开会汇报时间要控制在 40 分钟，最长也不要超过 1 个小时，在会上不要对具体问题展开讨论，会后再专题讨论解决。

周会一般是互相交流与碰头，领导将各部门的事情、工作清单再安排理顺一遍，并结合月计划强调重点及问题的解决，所以会议不能太长。

开会的时间大多在周五下午或周一上午，不论什么时间，如何有利于工作的强力推进都是可以的。

9. 周计划制定时常见的问题

（1）抓不住重点与必须要完成的工作。

（2）分工不清，不知道谁来完成。

（3）数字目标不清晰。

（4）走过场，在一起说说而已，或者报上去没有检查。

（5）与月计划中的周计划没有很好地结合。

（6）工作任务量过大，根本就完不成，造成周计划经常落空。

（7）对事情的处理要能够统筹，不能就事论事。

（资料来源：本案例选自 2012 年 3 月 8 日"新浪博客"文章 http://blog.sina.com.cn/s/blog_4494a51f01013o1t.html）

【问题】

1. 你认为周计划重要吗？请谈谈你对周计划常见问题的认识。

2. 根据时间长短，尝试举例说明其他类型的计划。

一、计划的含义

广义的计划职能（Planning）是指管理者制订计划、执行计划和检查计划执行情况的全过程；狭义的计划职能是指管理者事先对未来应采取的行动所做的谋划和安排。

计划职能在管理各项职能中的地位集中体现在首位性上。这种首位性一方面是指计划职能在时间顺序上是处于计划、组织、领导、控制四大管理职能的始发或第一职能位置上的；另一方面是指计划职能对整个管理活动过程及其结果施加影响具有首要意义。

二、计划的种类

1. 按计划的期限划分

（1）长期计划：5 年以上的计划。

（2）中期计划：1 年以上 5 年以下的计划。

（3）短期计划：1 年以下的计划。

2. 按层次划分

（1）战略计划。战略计划又称策略计划，一般是由高层管理者制定的，其内容主要包括组织的长远目标、政策、策略等，是关系到组织发展方向和大局的计划。

（2）战术计划。战术计划又称施政计划，一般由中层管理者制定，其内容包括组织各部门的目标、策略和政策，它把战略计划转化为具体的目标和政策，并且规定了达到各种目标的确切时间。

（3）作业计划。作业计划又称业务计划，一般由基层管理者制定，其内容是基层工作人员的具体任务与作业程序等，是战术计划的具体化。

3．按计划对象划分

（1）综合计划。综合计划一般指具有多个目标和多方面内容的计划。如企业年度生产经营计划。它包括：销售计划、生产计划、劳动工资计划、物资供应计划、成本计划、财务计划、技术计划等。

（2）局部计划。局部计划是限于指定范围的计划。它包括各种职能部门制定的职能计划，如技术改造计划、设备维修计划等。

（3）项目计划。项目计划是针对组织的特定课题做出决策的计划。某种产品开发计划、企业的扩建计划、职工食堂建设计划等都属于项目计划。

4．按对计划执行者的约束力划分

（1）指令性计划。指令性计划是由上级主管部门下达的具有行政约束力的计划。指令性计划一经下达，各级计划执行单位必须遵照执行，而且尽一切努力加以完成。

（2）指导性计划。指导性计划是由上级主管部门下达的具有参考作用的计划。这种计划下达之后，执行单位不一定完全遵照执行，可考虑自己单位的实际情况，决定可否按指导性计划工作。

三、计划编制的基本程序

（1）分析环境，预测未来。在做计划时，管理者首先要考虑企业的各种环境因素，这既包括企业的内部环境，也包括企业的外部环境；既要考虑企业的现实环境，也要考虑企业的未来环境。而通过对外部环境，特别是未来环境的分析和预测，为确定可行性目标提供依据。

（2）制定目标。目标通常是指组织预期在一定期间内达到的数量和质量指标。目标是计划的灵魂，也是企业行动的方向。

（3）设计与抉择方案。为实现目标，要合理配置人、财、物等诸种资源，选择正确的实施途径与方法，制定系统的计划方案。

（4）编制计划。要依据计划目标与所确定的最优方案，按照计划要素与工作要求，编制计划。

（5）计划的实施与反馈。计划付诸实施，管理的计划职能并未结束。为了保证计划的有效执行，要对计划进行跟踪反馈，及时检查计划执行情况，分析计划执行中存在的问题，并对计划执行结果进行总结。

四、计划的方法

（一）因素分析法

这种方法是一种把直接因素分析与间接因素分析、质的分析与量的计算有机结合起来确定计划指标的方法。

因素分析法的特点：①包含两个组成部分。首先，要找出影响计划指标的各种因素；然后，在一定假设条件下，根据企业的实际经济资料进行计算。②要求四步走。第一，计划工作人员要在理论分析的基础上，准确把握影响计划指标的各种因素；第二，根据实际工作经验，判断这些分析的准确性；第三，把各种因素具体化，并建立具体的计算公式；第四，整理计算所需的各种数据，最后再依据公式进行计算。

（二）滚动计划法

这种方法是在每次编制修订计划时，要根据前期计划执行情况和客观条件的变化，将计划期向未来延伸一段时间，使计划不断向前滚动、延伸，故称滚动计划法。

滚动计划法的特点：①计划期分为若干个执行期，近期计划内容一般制定得详细、具体，是计划的具体实施部分，具有指令性；远期的内容则较笼统，是计划的准备实施部分，具有指导性。②计划在执行一段后，要对以后各期计划内容作适当修改、调整，并向未来延续一个新的执行期。

例如，某电子公司在 2015 年制定了 2016—2020 年的五年计划，采用滚动计划法。到 2016 年年底，该公司的管理者就要根据 2016 年计划的实际完成情况和客观条件的变化，对原定的五年计划进行必要的调整和修订，据此编制 2017—2021 年的五年计划，依次类推，如图 3-1 所示。

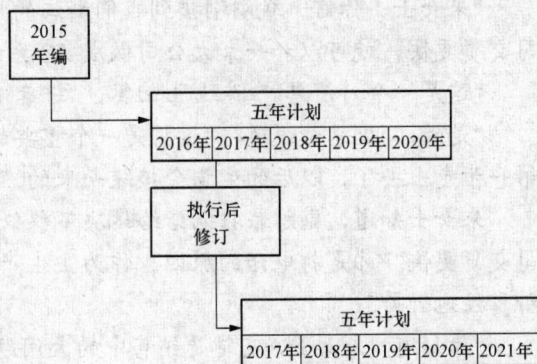

滚动计划法的优点：①可使计划与实际紧密结合，提高计划的准确性，更好地发挥计划的指导作用；②使长期计划、中期计划、短期计划有机结合，从而使计划与不断变化的环境因素相协调，使各期计划在调整中一致；③具有相当的弹性，可以有效规避风险，适应竞争需要，提高组织应变力。

图 3-1　滚动计划法

五、计划书的构成

不同种类、不同类别的计划书结构也不同，但是，计划书的构成与计划过程的顺序应该是一致的。一般而言，企业的计划书大致由以下 8 个部分共计 11 项内容构成，如表 3-1 所示。

表 3-1　　　　　　　　　　计 划 书 的 构 成

部分	内容	说　明
计划导入	封面	计划书的脸面，应充满魅力
	前言	表明计划者的动机及计划者的态度
	目录	计划书的目录
计划概要	计划概要	概述计划书的整体思路与内容
计划背景	现状分析	明确计划的出发点，说明计划的必要性及其前提
计划意图	目的、目标设定	确定计划的目的、目标，说明计划的意义
计划方针	概念的形成	明确计划的方向、原则，规定计划的内容
计划构想	确定实施策略的结构	明确计划实施的结构及其组织保证，提高计划的效果
	具体实施计划	计划的具体内容，将实现目标的方法具体化
计划设计	确定实施计划	实施计划所需时间、费用、销售人员及其他资源；预测计划可能获得的效果
附录	参考资料	附加的与计划相关的资料，增加计划的可信度

【案例 3.2】

主生产计划员的中午两小时

星期三上午 11:50，C 电器设备公司的主生产计划员朱女士正准备去吃午饭，电话铃响了，是公司主管销售的副总裁。

"朱女士，你好。我刚刚接到我们浙江的销售代表的电话，他说，如果我们能够比 D 公司交货更快，就可以和一家大公司做成 A3 系统的一笔大生意。"

"这是一个好消息，"朱女士回答，"一套 A3 系统可以卖一百万呐。"

"是的，"副总裁说道，"这将是一个重要的新客户，一直由 D 公司控制着。如果我们这第一步走出去了，以后的生意会接踵而来的。"

朱女士知道，副总裁打电话给她决不仅仅是告诉她这个好消息。"如果我们能够比 D 公司交货更快"才是打电话的原因。作为主生产计划员，她意识到副总裁下面还有话说，她全神贯注地听着。

"你知道，朱女士，交货是销售中的大问题。D 公司已经把他们的交货期从原来的 5 周缩短到 4 周。"副总裁停顿了一下，也许是让朱女士做好思想准备。然后接着说，"如果我们要做成这笔生意，我们就必须做得比 D 公司更好。我们可以在 3 周之内向这家公司提供一套 A3 系统吗？"

朱女士在今天上午刚刚检查过 A3 系统的主生产计划，她知道，最近几周生产线都已经排满了，而且，A3 系统的累计提前期是 6 周。看来必须修改计划。"是 3 周以后发货吗？"朱女士问道。

"恐怕不行，3 周就要到达客户的码头。"副总裁回答。朱女士和副总裁都清楚，A3 系统太大，不能空运。

"那我来处理这件事吧。"朱女士说，"两小时之后我给您回电话。我需要检查主生产计划，还需要和有关人员讨论。"

副总裁去吃午饭了。朱女士继续工作、解决问题。她要重新检查 A3 系统的主生产计划，有几套 A3 系统正处于不同的生产阶段，它们是为其他客户做的。她需要考虑当前可用的能力和物料；她要尽最大的努力，使销售代表能够赢得这个重要的新客户；她还必须让其他老客户保持满意。尽一切可能把所有这些事情做好，这是她的工作。

下午 1:50，朱女士给销售副总裁打了电话："您可以通知您的销售代表，从现在开始 3 周，一套 A3 系统可以到达客户的码头……"

"太好了！朱女士。您是怎么解决的呀？"副总裁高兴地问道。

"事情是这样，我们有一套 A2 系统正在生产过程中。我请您的助手给这套 A2 系统的客户代表打了电话，请他和客户联系，能否推迟 2 周交货。我们答应这家客户，如果他们同意推迟两周交货，我们将为他们延长产品保修期。他们同意了，我们的财务部门也批准了。我可以修改计划，利用现有的物料和能力把 A2 系统升级为 A3 系统，就可以按时交货了。但是还有一个问题，如果能解决，那就可以为您浙江的销售代表开绿灯了。"

"什么问题？"副总裁有点担心。

"您的广东销售代表有一份 A3 系统的单子正在生产过程中。如果我们按刚说的那样来改变计划，这份订单就得推迟 3 到 4 天，您看可以吗？"

球又回到了副总裁手里。他清楚，对原有计划的任何（即使是精心的）修改也往往要付出一些代价。"好吧，我来处理。"副总裁说。

问题终于解决了。朱女士看看表，下午 14：15，她感到了饥饿。

案例提示：在主生产计划制定和执行过程中，主生产计划员处于一个非常关键的位置上。他（她）的任务是和企业组织中的其他人一起工作来协调希望做和能够做的事情。ERP 软件系统的主生产计划功能为主计划员提供了一个工具，主生产计划员必须用好这个工具。主生产计划员必须具有关于企业的丰富知识，知道什么可以做，什么不可以做，知道销售人员所面临的问题。他（她）不但要精通计划的机制，还要了解企业的整体业务，要了解公司的客户、产品、产品的生产过程以及供应商，以便于协调市场销售部门和生产部门以及其他有关部门的工作。

（资料来源：周玉清，刘伯莹，周强.ERP 与企业管理：理论、方法、系统 [M]. 2 版. 北京：清华大学出版社，2012.）

【问题】

（1）请评价主生产计划员朱女士的计划工作如何？需要达到哪两个目标？

（2）朱女士具有什么样的能力来支持她完成计划执行工作？

（3）请谈谈制造生产计划包括哪些工作，难点在哪里？

第二节 决 策

一、决策的概念

1. 决策的含义

决策是指管理者为实现组织目标，运用科学理论和方法从若干个可行性方案中选择或综合出优化方案，并加以实施的活动总称。

管理决策，从广义上讲，包括调查研究、预测、分析研究问题，设计与选择方案，直至付诸实施等一系列活动。狭义上，决策仅指对未来行动方案的抉择行为。

2. 决策的重要性

决策的重要性主要体现以下两方面：①决策是计划职能的核心。履行计划职能，最核心的环节是进行决策。②决策事关工作目标能否实现，乃至组织的生存与发展。因为决策失误，必然导致管理与经营行为的失败。

二、决策的类型

1. 按决策的作用范围划分

（1）战略决策，指有关组织长期发展等重大问题的决策。

（2）战术决策，指有关实现战略目标的方式、途径措施的决策。

（3）业务决策，指组织为了提高日常业务活动效率而做出的决策。

2. 按决策的时间划分

（1）中长期决策，一般为 3～5 年，甚至时间更长。

（2）短期决策，一般在 1 年以内。

3. 按照制定决策的层次划分

（1）高层决策，指组织中最高层管理人员作出的决策。

（2）中层决策，指组织内处于高层和基层之间的管理人员所作的决策。

（3）基层决策，指基层管理人员所作的决策。

4．按决策的重复程度划分

（1）程序化决策，指按原已规定的程序、处理方法和标准进行的决策，如签订购销合同等。

（2）非程序化决策，指对不经常发生的业务工作和管理工作所作的决策，如新产品开发决策等。

5．按决策的时态划分

（1）静态决策，指一次性决策，即对所处理的问题一次性敲定处理办法，如公司决定购买一批商品等。

（2）动态决策，指对所要处理的问题进行多期决策，在不断调整中决策，如公司分三期进行投资项目的决策等。

6．按决策问题具备的条件和决策结果的确定性程度划分

按决策问题具备的条件和决策结果的确定性程度可分为确定型决策、风险型决策和不确定型决策三类。

7．按决策行为划分

（1）个体决策。

①影响决策过程的个体因素：个人的感知方式，特别是经验；个人的价值观、道德标准、行为准则。

②个体决策的优缺点。

优点：决策速度快、责任明确。

缺点：容易出现因循守旧、先入为主等问题。

（2）群体决策。

①影响决策过程的群体因素是特有的群体心理现象，如舆论、从众现象、默契、情绪、士气等。

②群体决策的优缺点。

优点：可以掌握更多的信息；更多的可选方案；参与决策使参与者更好地了解制定的决策方案，使满意度提高，利于决策的实施。

缺点：决策所用的总时间一般比个人决策要长；过多地依赖群体决策，会限制管理者采取迅速、必要行动的能力；容易出现责任不清的问题。

三、决策过程

第一步，界定问题、识别机会。

要注重考虑组织中人的行为以及信息的准确与时效。要解决问题，前提必须是对管理问题有正确和深刻的了解。这就需要在搜集大量信息的基础上，用科学的方法和技术分析问题，并进而确定问题，以便有效地解决问题。管理问题分析与确定模式如图 3-2 所示。

（1）基本工作过程。首先，搜集信息，对与管理问题相关的信息进行搜集与整理；其次，分析问题，这是最为关键的环节；再次，在科学分析的基础上，准确地确定问题，界定问题的范围、性质；最后，提出解决问题的方向或思路。

（2）方法。包括搜集信息的方法、观察问题的方法、分析问题的方法等。

```
搜集信息 → 分析问题 → 确定问题 → 提出解决问题的方案
                  │            │
                方法          内容
          ┌──────┼──────┐  ┌─────┬─────┬─────┬─────┐
        信息搜  观 察  分 析  机会与  任务与  态势与  条件与
        集方法  方 法  方 法  问 题  目 标  趋 势  环 境
```

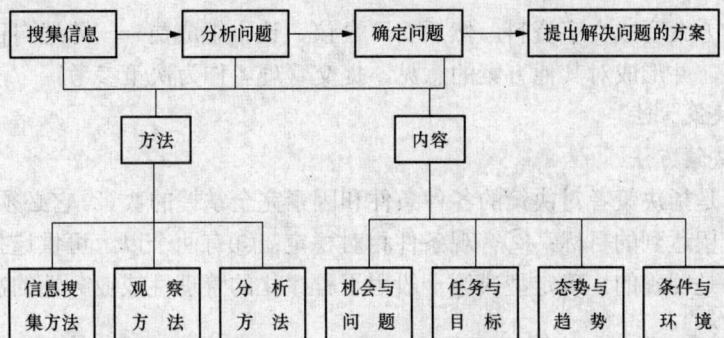

图 3-2　管理问题分析与确定模式

（3）内容。要分析和确定管理问题，就是要具体地分析和确定管理问题的状态、性质和趋势等内容。具体包括：①机会与问题；②任务与目标；③态势与趋势；④条件与环境。

第二步，明确目标。

第三步，拟定备选方案。拟定备选方案的流程如图 3-3 所示。

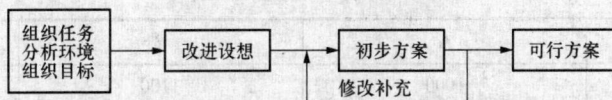

```
组织任务
分析环境 → 改进设想 → 初步方案 → 可行方案
组织目标            │
                  修改补充
```

图 3-3　拟定备选方案流程

第四步，评估备选方案。

第五步，做出决策。决策者要想做出一个好的决定，必须仔细考察全部事实，确定是否可以获取足够的信息并最终选择最好方案。

第六步，选择实施战略。

第七步，监督和评估。职能部门对各层次、各岗位的方案执行情况进行检查和监督，并将信息反馈给决策者；决策者根据反馈信息对偏差部分及时采取有效措施；对目标无法实现的应重新确定目标，拟订可行方案，并进行评估、选择和实施。

四、决策方法

（一）定性决策方法

运用社会学、心理学、组织行为学，政治学和经济学等有关专业知识、经验和能力，在决策的各个阶段，据已知情况和资料，提出决策意见，并作出相应的评价和选择。

（1）德尔菲法。请专家背靠背地对需要预测的问题提出意见，决策者将各专家意见经过多次信息交换，逐步取得一致意见，从而得出决策方案。

准备工作：①选择好专家；②决定适当的专家组（10～50 人）；③拟定好意见征询表。

（2）头脑风暴法（畅谈会法）。将对解决某一问题有兴趣的人集合在一起，在完全不受约束的条件下，敞开思路，畅所欲言。

原则：①独立思考，开阔思路，不重复别人的意见；②意见建议越多越好，不受限制；③对别人的意见不作任何评价；④可以补充和完善已有的意见。

（3）会议小组法。成员各自先不通气，独立地思考，提出决策建议，并尽可能详细地将自己提出的备选方案写成文字资料。然后召开会议，让小组成员一一陈述自己的方案。在此基础上进行投票，并形成对其他方案的意见，提交管理者作为决策参考。

（二）定量决策方法

1. 确定型决策方法

确定型决策是指决策者对决策的各种条件和因素完全掌握的决策。它必须具备 4 个条件：①具有决策者希望达到的目标；②客观条件相对稳定；③有两个以上可供选择的方案；④各方案执行的结果是明确的。确定型决策一般用于程序化的管理性或业务性的决策。确定型决策的主要方法有：

（1）直观判断法。它是指决策的因素很简明，无须复杂的计算，可以直接选择出最优方案的决策方法。

【例 3-1】 某企业生产所需的原材料可从 A、B、C 三地采购，如果 A、B、C 三地距该企业的距离相等，运费相同，A、B、C 三地的同种原材料价格如表 3-2 所示，问该企业应从何地购进原材料？

表 3-2 　　　　　　　　　　　　**三地同种原材料价格**

产地	A	B	C
价格（元/吨）	1000	1100	1200

在其他条件相同的情况下选择价格最低的，即选择从 A 地购进原材料是最佳方案。

（2）盈亏分析法。盈亏分析是依据与决策方案相关的产品产量（销售量）、成本（费用）和盈利的相互关系，分析决策方案对企业盈利和亏损发生的影响，据此来评价、选择决策的方法。

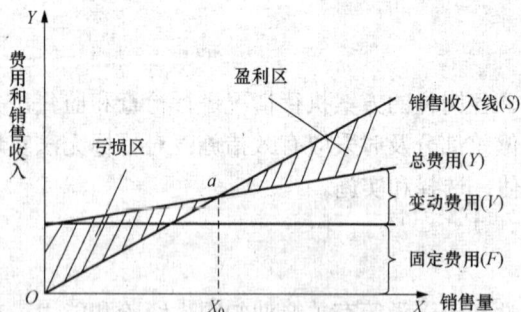

图 3-4　盈亏平衡分析原理图

V—变动费用；X—产量；F—固定费用；X_0—盈亏平衡点
销售量（产量）；Y—总费用；S—销售收入；a—盈亏平衡点

盈亏平衡分析的原理可用图 3-4 说明。在直角坐标内，横轴表示产量（销售量），纵轴表示费用和销售收入。

根据费用与产量的关系将总费用分成固定费用和变动费用。固定费用是不随产量变化而变化的，它是一个固定的值，比如固定资产折旧费用等，在图 3-4 上是一条与横坐标平行的线；变动费用是随测量的变化而变化的，而且是成正比例变化，如材料费等，在图 3-4 上是一条斜线。把固定费用与变动费用相加就是总费用线（Y）。销售收入线（S）和总费用线（Y）的交点（a）称为盈亏平衡点（又称保本点），此时销售收入恰好等于总费用，即企业处于不亏不盈的保本状态。a 点把这两条线所夹的范围分成两个区域，a 点右边的是盈利区，a 点左边的是亏损区。通过盈亏平衡图可以分析如下问题：

① 可以判断企业目前的销售量对企业盈利和亏损的影响。当 $X > X_0$ 时，企业在盈利区；当 $X < X_0$ 时，企业在亏损区；当 $X = X_0$ 时，企业保本经营。

② 可以确定企业的经营安全率。经营安全率是反映企业经营状况的一个指标。其计算公式为

$$\eta = \frac{X - X_0}{X} \times 100\%$$

式中 η——经营安全率。

η 值越大，说明企业对市场的适应能力越强，企业经营状况越好；η 的值越小，企业经营的风险越大经营越差。增加销售量而盈亏平衡点不变，可增大经营安全率。采取措施，降低盈亏平衡点也可以增大经营安全率。一般可根据表 3-3 的标准来判定企业经营安全状况。

表 3-3 企业经营安全状况

经营安全率（%）	30 以上	20～30	15～25	10～15	10 以下
经营安全状况	安全	较安全	不太好	要警惕	危险

盈亏平衡分析的中心内容是盈亏平衡点的确定及分析。它的确定就是找出这一点所对应的产量或销售量。

（3）产量销售量法。它是以某一产品的固定费用与变动费用确定盈亏平衡点。此法适用于单一品种生产的决策分析，或虽属多品种生产，但各品种的固定费用可以划分清楚。

设 W 为单件产品价格，C_V 为单件产品变动费用，则销售收入和总费用可表述如下。

销售收入为

$$S = W \cdot X$$

总费用为

$$Y = F + V = F + C_V \cdot X$$

当盈亏平衡时，则 $S = Y$ 即

$$W \cdot X_0 = F + C_V \cdot X$$

盈亏平衡点的产（销）量计算公式为

$$X_0 = \frac{F}{W - C_V}$$

根据此公式，可求产量为 X 时的利润（P）：

$$P = (W - C_V) \cdot X - F$$

也可求利润为 P 时的产（销）量（X）：

$$X = \frac{P + F}{W - C_V}$$

（4）销售额法。即以某一产品销售额的固定费用与变动费用确定盈亏平衡点。此法适用于多品种生产而每个品种的固定费用又不能划分清楚的情况，计算公式为

$$S_0 = \frac{F}{1 - \dfrac{V}{S}}$$

用销售额法亦可求得或验证盈亏平衡点的产（销）量，计算公式为

$$X_0 = \frac{F}{1-\dfrac{V}{S}} / W$$

（5）边际利润率法。边际利润率（m）是指边际利润（M）与销售收入之比。而边际利润则是销售收入扣除变动费用后的余额。此法是以某一产品的边际利润率与固定成本的关系来求盈亏平衡点。

单一品种生产时盈亏平衡点的计算公式为

$$S_0 = \frac{F}{1-\dfrac{V}{S}} = \frac{F}{M/S} = \frac{F}{m}$$

多品种生产时，先求全部产品综合平均边际利润率，然后将它去除总固定费用，计算公式为

$$S_0 = \frac{F}{\sum M_i / \sum S_i}$$

式中　M_i——某一产品的边际利润；

　　　S_i——某一产品的销售收入。

【例 3-2】 某企业生产某种产品，年固定费用为 50 万元，生产单位产品的单位变动成本为 60 元/台，销售价格为 100 元/台，年计划安排生产 17 500 台，企业能否盈利？盈利多少？

解：企业不亏损时至少应生产和销售的数量（即盈亏平衡点产量）为 X_0，

$$X_0 = \frac{F}{W-C_V} = \frac{500\ 000}{100-60} = \frac{500\ 000}{40} = 12\ 500（台）$$

即该企业至少应生产销售 12 500 台，企业才不会亏损。现计划生产 17 500 台，大于盈亏平衡点产量，故企业肯定盈利，其盈利额为

$$P = (W-C_V) \cdot X - F = (100-60) \times 17\ 500 - 500\ 000 = 200\ 000（元）$$

所以该企业如能生产销售 17 500 台产品，可获利 200 000 元。

【例 3-3】 某企业生产 A、B、C 三种产品，有关资料见表 3-4，试计算各种产品的盈亏平衡点销售量。

表 3-4　　　　　　　　　　　　　　三 种 产 品 资 料　　　　　　　　　　　　单位：元

品种	计量单位	销售量	单价	销售收入	变动成本总额	固定成本总额
A	件	10 000	200	2 000 000	1 400 000	
B	台	120	2000	24 000	168 000	400 000
C	吨	600	100	60 000	42 000	
合计				2 300 000	1 610 000	400 000

解：

①计算边际利润率，公式为

$$边际利润率 = 1 - \frac{变动成本固定（V）}{销售收入定额（S）} = 1 - \frac{1\ 610\ 000}{2\ 300\ 000} = 0.3$$

②计算盈亏平衡销售额，公式为

$$盈亏平衡销售额（S_0）= \frac{固定成本总额（F）}{边际利润额（m）} = \frac{400\,000}{0.3} \approx 1\,333\,333（元）$$

③计算各种产品的盈亏平衡销售额，公式为

$$S_A = 1\,333\,333 \times \frac{2\,000\,000}{2\,300\,000} = 1\,159\,420（元）$$

$$S_B = 1\,333\,333 \times \frac{24\,000}{2\,300\,000} = 13\,913.04（元）$$

$$S_C = 1\,333\,333 \times \frac{60\,000}{2\,300\,000} = 34\,782.6（元）$$

A 产品盈亏平衡点的销售量=1 159 420/200≈5797（件）

B 产品盈亏平衡点的销售量=13 913.04/2000≈7（台）

C 产品盈亏平衡点的销售量=34 782.6/100≈348（吨）。

2. 风险型决策方法

风险型决策也叫随机性决策或概率性决策。它需要具备下列条件，第一，有一个明确的决策目标；第二，存在着决策者可以选择的两个以上的可行方案；第三，存在着决策者无法控制的两个以上的客观自然状态；第四，不同方案在不同自然状态下的损益值可以计算出来。

由于风险型决策自然状态出现的概率不肯定，只能估计出一个概率，所以决策人要承担因估计失误而带来的风险。这种决策方法主要应用于有远期目标的战略决策或随机因素较多的非程序化决策。如投资决策、技术改造决策等。

（1）期望值法。首先计算出每个方案的损益期望值，并以此为目标，选择收益最大或最小的方案为最优方案。期望值等于各自然状态下损益值与发生概率的乘积之和，计算公式为

$$EMV_{(i)} = \sum V_{ij} \cdot P_j$$

式中　　$EMV_{(i)}$——第 i 个方案的损益期望值；

V_{ij}——第 i 个方案在第 j 种自然状态下的损益值（i=1，2，…，n）；

P_j——自然状态（S_j）的概率值（j=1，2，…，m）。

期望值法以决策矩阵表为工具，见表 3-5。

表 3-5　　　　　　　　　　决 策 矩 阵 表

自然状态（S_j） 概率（P_j） 方案（A_i）损益值（V_{ij}）	S_1 P_1	S_2 P_2	…… ……	S_j P_j	…… ……	S_m P_m
A_1	V_{11}	V_{12}	……	V_{1j}	……	V_{1m}
A_2	V_{21}	V_{22}	……	V_{2j}	……	V_{2m}
⋮	⋮	⋮	⋮	⋮	⋮	⋮
A_n	V_{n1}	V_{n2}	……	V_{nj}	……	V_{nm}

【例 3-4】　某冷食厂夏季生产冰激凌，每箱成本 50 元，售出价格为 100 元，每箱销售后

可获利 50 元，如果当天售不出去，剩余一箱就要损失冷藏保管费 30 元，根据去年夏季日销售量资料（表 3-6）分析。据预测，今年夏季市场需求量与去年同期无大变化，应怎样安排今年的日生产计划，才能使期望利润最大？

表 3-6　　　　　　　　　　　　去年夏季日销售量资料

日销售量（箱）	完成日销售量的天数（天）	概　　率
100	18	0.2
110	36	0.4
120	27	0.3
130	9	0.1
合计	90	1.0

解：用最大期望收益值作为决策的标准，决策分析步骤如下：

①据去年夏季日销售量资料，确定不同日销售量的概率值。

②据有关数据编制决策矩阵表，见表 3-7。

表 3-7　　　　　　　　　　　　决 策 矩 阵 表

自然状态（S_j） 概率（P_j） 损益值（V_{ij}） 方案 A_i	每日销售量（箱）				期望值 （$\sum V_{ij} \cdot P_j$）
	100	110	120	130	
	0.2	0.4	0.3	0.1	
生产 100 箱	5000	5000	5000	5000	5000
生产 110 箱	4700	5500	5500	5500	5340
生产 120 箱	4400	5200	6000	6000	5360
生产 130 箱	4100	4900	5700	6500	5140
最大期望值［EMC$_{(p)}$=Max（$\sum V_{ij} \cdot P_j$）］					5360

表 3-7 中收益值（V_{ij}）的计算方法，以产量 120 箱为例：

日销售量为 100 箱的收益值：V_{31}=100×50−20×30=4400（元）。

日销售量为 110 箱的收益值：V_{30}=110×50−10×30=5200（元）。

日销售量为 120 箱的收益值：V_{33}=120×50=6000（元）。

日销售量为 130 箱的收益值：V_{34}=120×50=6000（元）。

其余各方案的收益值依次类推。

③计算每个备选方案的期望值。

仍以日产量 120 箱方案为例，代入公式得

EMV=4400×0.2+ 5200×0.4+6000×0.3+ 6000×0.1=5360（元）

其余各方案的期望值均依次类推。

④比较不同方案的期望值并选择最大值为最优决策。从计算结果看，以日产 120 箱方案的期望值最大。故列为最终决策方案。

（2）决策树法。决策树法是以决策损益值为依据，通过计算比较各个方案的损益值，绘制树枝图形，再根据决策目标，利用修枝寻求最优方案的决策方法。该方法最大的优点是能

够形象地显示出整个决策问题在不同时间和不同阶段的决策过程，逻辑思维清晰，层次分明，特别是对复杂的多级决策尤为适用。

1）决策树的结构要素如图 3-5 所示。

决策结点：通常用□表示，决策结点是要选择的点，从它引出的分枝叫方案分枝，有几条分枝就有几个方案。

状态结点：通常用〇表示，状态结点表示一个方案可能获得的损益值。从它引出的分枝叫概率分枝，每一条分枝代表一个自然状态。

末梢：通常用△表示，末梢是状态结点的终点，在末梢处标明每一个方案在不同的自然状态下的损益值。

2）运用决策树决策的步骤如下：

第一，自左向右绘制决策树，并标出数据。

第二，自右向左逐级计算出同一方案在不同自然状态下的损益值，进而计算出方案期望值，并标在结点上。

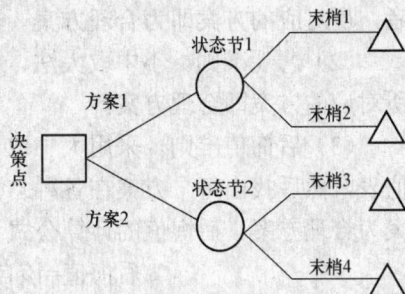

图 3-5 决策树的结构要素

第三，逐个比较不同方案期望值的大小，然后修枝，并剪去（在舍去的方案枝上划上"∥"符号）期望值较小的方案枝，如果是期望损失值，剪去较大的方案枝。

【例 3-5】 某企业准备市场某种产品，预计该产品的销售有两种可能：销路好，其概率为0.7；销路差，其概率为 0.3。可采用的方案有两个：一个是新建一条流水线，需投资 220 万元；另一个是对原有的设备进行技术改造，需投资 70 万元。两个方案的使用期均为 10 年，损益资料如表 3-8 所示，试对方案进行决策。

表 3-8　　　　　　　　　　　　　　损 益 资 料

方案	投资（万元）	年收益（万元）		使用期（年）
		销路好（0.7）	销路差（0.3）	
新建流水线	220	90	−30	10
技术改造	70	50	10	10

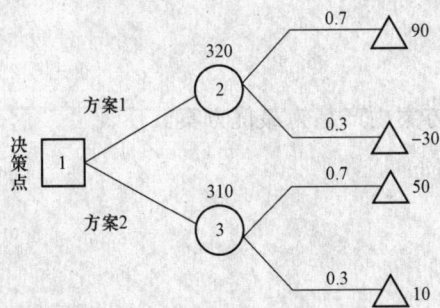

图 3-6 ［例 3-5］决策树

解：1）绘制决策树，如图 3-6 所示。

2）计算期望值。

结点②的期望值为

[90×0.7+(−30)×0.3]×10−220=320（万元）

结点③的期望值为

（50×0.7+10×0.3）×10−70=310（万元）

从期望收益值来看，方案一较高。因此，应采用此方案。

（3）多级决策。多级决策又称序列决策，是指面临的决策问题比较复杂，非一次决策所能解决问题，而需进行一系列的决策过程才能选出满意方案的决策。

3. 不确定型决策方法

在对决策问题的未来不能确定的情况下，通过对决策问题的变化的各种因素分析，估计有几种可能发生的自然状态，计算其损益值，按一定的原则进行选择的方法。该方法可参照3个准则：乐观准则、悲观准则、后悔值准则。

（1）乐观准则。大中取大法，找出每个方案在各种自然状态下，最大损益值，取其中大者，所对应的方案即为合理方案。

（2）悲观准则。小中取大法，找出每个方案在各种自然状态下最小损益值，取其中大者所对应的方案即合理方案。

（3）后悔值准则。采用大中取小法，计算各方案在各种自然状态下的后悔值，列出后悔值表，然后找出每一方案在各种自然状态下后悔值的最大值，取其中最小值，其所对应的方案为合理方案。后悔值的计算公式为

后悔值=该自然状态下最大损益值−相应损益值

注：后悔值，即机会损失值，在一定自然状态下由于未采取最好的行动方案，失去了取得最大收益的机会而造成的损失。

【例3-6】 某企业有3种新产品待选，估计销路和损益情况如表3-9所示，试分别用乐观准则、悲观准则、后悔值准则选择最优的产品方案。

表3-9　　　　　　　　　　　　　　损　益　表　　　　　　　　　　　　单位：万元

状态	甲产品	乙产品	丙产品
销路好	40	90	30
销路一般	20	40	20
销路差	−10	−50	−4

解：

①乐观准则（大中取大法）：

甲产品最大利润40万元

乙产品最大利润90万元 ⟩90万元对应的方案乙产品为最优方案。

丙产品最大利润30万元

②悲观准则（小中取大法）：

甲产品最小利润−10万元

乙产品最小利润−50万元 ⟩−4万元对应的方案丙产品为最优方案。

丙产品最小利润−4万元

③计算后悔值（大中取小法）：

3种方案的损益值如表3-10所示。

表3-10　　　　　　　　　　　　　　损　益　值　　　　　　　　　　　　单位：万元

状态	甲产品	乙产品	丙产品
销路好	50	0	60
销路一般	20	0	20
销路差	6	46	0

甲产品最大利润50万元 ⎫
乙产品最大利润46万元 ⎬ 46万元对应的乙产品为最优方案。
丙产品最大利润60万元 ⎭

本 章 小 结

本章主要介绍计划的概念，计划的分类，要求掌握计划编制过程。决策是计划职能的核心环节。理解决策的程序，包括调查与分析、设计备选方案、选择决策方案、审查与反馈等。重点掌握确定型决策盈亏平衡分析等方法；风险型决策主要有决策树方法；非确定型决策有乐观法、悲观法、平均法、后悔值法等。

【阅读材料一】

××生物科技有限公司商业计划书（执行总结）

1. 公司简介

"××生物科技有限公司"成立于 2015 年 1 月，位于湖北省武汉市洪山区国家农业高科技产业园内，注册资金 350 万元。公司提倡以科技为本的绿色农业、绿色生活新理念，是一家集农资类产品的研究、开发、生产和销售为一体的有限责任公司。公司成立初期主要经营的"×××"复合型农药残留降解剂，是目前国内唯一可有效降解鲜活（田中）农作物和土壤中农药残留的复合型生物制剂，可为我国大、中型农产品种植场，以及广大的种植农户解决农田污染及农产品品质安全的后顾之忧。公司拥有研发人才、技术服务、政策支持等优势，并将持续改进主打产品"×××"复合型农药残留降解剂，同时深入研制各种衍生产品，适时开发生物农药等尖端产品，实行品牌一体化发展战略，逐步发展成为服务于农业生产的绿色农药产业龙头公司。

2. 市场竞争与前景

随着消费者的环保意识和食品安全意识不断提高，种植农户和各种植商对农药残留降解剂的需求也越来越强烈。农药残留降解剂在农业环境污染治理和农产品安全生产领域中都有着广泛的市场需求，单就国内市场而言，据保守估计，对农药残留降解剂的年需求量超过 11 000 吨。

目前市场上使用最多的农药残留降解方法是化学方法，如光化学降解、氧化分解、水解法等。这些技术的衍生产品农药残留降解效果普遍比较差，自身及其降解产物常造成二次污染。同时市场上存在的农药残留降解剂产品少之又少。"×××"农药残留降解剂技术独特，源于海洋生物提取的活性物质，自身环保、安全，可同时降解田中农作物和土壤中的农残，而且作用效果显著。与此同时，该产品已开始在武汉周边地区推广试用，实验结果和试用效果均显示该产品具有较强的实用性。

3. 市场开发与营销

公司产品营销和市场开发的愿景是——将产品定位为市场挑战者，凭借自身特色优势，通过"绿色伴侣、和气生财、成本为王、细水长流"的 4Ps 组合策略和"借船出海"的竞争策略打开产品市场。

公司将采取低成本领先战略，在产品质量、规模、品牌相互协调统一的基础上努力降低成本，将充分发挥技术服务等企业相关竞争优势，快速提升产品市场占有率。公司将采取"3+1"推销组合、"蚕食"、"以心换心"等市场策略进入并拓展湖北市场，借助于经销商的渠道网络和促销手段稳定的提升自己在全国的市场份额，并且通过不同时期的促销、广告媒体宣传逐渐巩固自己的市场地位，使得市场占有率达到 50% 以上，最终成为行业的领军者。

公司将运用完善的技术战略、产品战略和服务营销战略来保持产品的竞争优势。其中主要的营销方式包括品牌广告、人员推销和独具农资行业特色的销售促进活动以及公关活动等。另一方面，公司将采取有效的公关策略、品牌策略和人才培养策略等来保证公司的长远发展。

4. 公司组织结构及管理团队

公司采用有限责任公司的组织形式，发展初期采用直线式结构，人员构成遵循精简高效的原则。依照公司的经营理念，研发及销售人员占公司员工总数较大比重，将近70%。公司发展到一定阶段后将采用智能化组织结构，并请专业咨询公司做内部管理规划。公司的战略规划、技术研发、市场营销和财务管理等工作，视公司事业发展情况而定，公司将聘请职业经理人参与经营管理。

5. 投资与财务

经科学的投资估算，本项目总的注册资本为 350 万元，公司刚成立创业团队成员自筹资金 147 万元，占股权比例达到 42%。×××教授以其技术作价 70 万元，占股权的比例 20%。另外基于对公司产品市场前景的综合预测，预期引入 3～5 家风险投资机构，合计 133 万元占公司股权的 38%，以利于筹资、化解风险。风险投资的引入一方面为公司的初始营运注入资金，另一方面为公司带来更加专业化的管理模式，促进公司高管层的建设，为公司的长远发展打下基础。

其中盈利概况如表 3-11 所示，主要财务指标如表 3-12 所示。

表 3-11　　　　　　　　　　　盈　利　概　况

指标＼年限	第一年	第二年	第三年	第四年	第五年
销售毛利率	42.85%	43.85%	44.76%	43.28%	46.90%
销售净利润率	2.21%	14.73%	19.22%	20.10%	27.02%
总资产报酬率	3.08%	26.87%	55.30%	53.15%	66.43%
净资产收益率	3.97%	38.51%	62.47%	67.14%	80.97%

表 3-12　　　　　　　　　　　主　要　财　务　指　标

指标	数值	判　　　断
投资净现值（NPV）	1248.47 万元	盈利能力很好，投资方案可行
投资回收期（PBP）	3.06 年	项目投资回收期较短，具有比较高的投资价值
内部财务收益率（IRR）	59%	远大于资金成本率10%，处于较好水平

项目投资回收期为 3.06 年，小于行业基准投资期。财务净现值远大于零，这说明项目在财务上是可以接受的，且本项目投资少，回报率高，经营风险低，能给公司带来充分的现金流入，在财务上是切实可行的。同时由于公司采取了较为合理的分配政策，保证风险投资商

能较快收回投资资本。

【阅读材料二】

刘经理的××××年销售工作计划书

刘明是一家方便面企业的销售经理,自他担任该职务3年以来,每年的年度销售计划书便成为他的"必修课",他的年度销售计划书不仅文笔生动,描述具体,而且还往往理论联系实际,策略与实战并举,数字与表格齐下,很好地指导了他的营销团队,使其按照年度计划有条不紊地开展市场推广工作,取得了较好的效果,那么,刘经理的××××年销售计划书是怎么写的呢?它又包括哪几个方面的内容?

1. 市场分析

年度销售工作计划制定的依据,是对过去一年市场形势及市场现状的分析,而刘经理采用的工具便是目前企业经常使用的SWOT分析法,即企业的优劣势分析以及竞争威胁和存在的机会,通过SWOT分析,刘经理可以从中了解市场竞争的格局及态势,并结合企业的缺陷和机会,整合和优化资源配置,使其利用最大化。比如,通过市场分析,刘经理很清晰地知道了方便面的市场现状和未来趋势:产品(档次)向上走,渠道向下移(通路精耕和深度分销),寡头竞争初露端倪,营销组合策略将成为下一轮竞争的热点等。

2. 营销思路

营销思路是根据市场分析做出的指导全年销售计划的"精神"纲领,是营销工作的方向和"灵魂",也是销售部需要经常灌输和贯彻的营销操作理念。针对这一点,刘经理制定了具体的营销思路,其中涵盖了如下几方面的内容:

(1)树立全员营销观念,真正体现"营销生活化,生活营销化"。

(2)实施深度分销,树立决战在终端的思想,有计划、有重点地指导经销商直接运作末端市场。

(3)综合利用产品、价格、通路、促销、传播、服务等营销组合策略,形成强大的营销合力。

(4)在市场操作层面,体现"两高一差",即要坚持"运作差异化,高价位、高促销"的原则,扬长避短,体现独有的操作特色等。

确定营销思路时,刘经理充分结合了企业的实际,不仅翔实、有可操作性,而且还与时俱进,体现了创新的营销精神,因此,在以往的年度销售计划中,都曾发挥了很好的指引效果。

3. 销售目标

销售目标是一切营销工作的出发点和落脚点,因此,科学、合理的销售目标制定也是年度销售计划的最重要和最核心的部分。那么,刘经理是如何制定销售目标的呢?

(1)根据上一年度的销售数额,按照一定增长比例,比如20%或30%,确定当前年度的销售数量。

(2)销售目标不仅体现在具体的每一个月度,而且还责任到人,量化到人,并细分到具体市场。

(3)权衡销售目标与利润目标的关系,做一个经营型的营销人才,具体表现就是合理产品结构,将产品销售目标具体细分到各层次产品。比如,刘经理根据企业方便面产品ABC

分类，将产品结构比例定位在 A（高价、形象利润产品）:B（平价、微利上量产品）:C（低价、战略性炮灰产品）=2:3:1，从而更好地控制产品销量和利润的关系。

销售目标的确认，使刘经理有了冲刺的对象，也使其销售目标的跟踪有了基础，从而有利于销售目标的顺利达成。

4．营销策略

营销策略是营销战略的战术分解，是顺利实现企业销售目标的有力保障。刘经理根据方便面行业的运作形势，结合自己多年的市场运作经验，制定了如下的营销策略：

（1）产品策略：坚持差异化，走特色发展之路，产品进入市场，要充分体现集群特点，发挥产品核心竞争力，形成一个强大的产品组合战斗群，避免单兵作战。

（2）价格策略：高质、高价，产品价格向行业标兵看齐，同时，强调产品运输半径，以600千米为限，实行"一套价格体系，两种返利模式"，即价格相同，但返利标准根据距离远近不同而有所不同的定价策略。

（3）通路策略：创新性地提出分品项、分渠道运作思想，除精耕细作，做好传统通路外，集中物力、财力、人力、运力等企业资源，大力度地开拓学校、社区、网吧、团购等一些特殊通路，实施全方位、立体式的突破。

（4）促销策略：在"高价位、高促销"的基础上，开创性地提出了"连环促销"的营销理念。它具有如下几个特征：①促销体现"联动"，牵一发而动全身，其目的是大力度地牵制经销商，充分利用其资金、网络等一切可以利用的资源，有效挤压竞争对手；②连环的促销方式至少两个以上，比如销售累积奖和箱内设奖同时出现，以充分吸引分销商和终端消费者的眼球；③促销品的选择原则求新、求奇、求异，即要与竞品不同，通过富有吸引力的促销品，实现市场"动销"，以及促销激活通路、通路激活促销之目的。

（5）服务策略：细节决定成败，在"人无我有，人有我优，人优我新，人新我转"的思路下，在服务细节上狠下功夫。提出了"5S"温情服务承诺，并建立起"贴身式"、"保姆式"的服务观念，在售前、售中、售后服务上，务求热情、真诚、一站式等。

通过营销策略的制定，刘经理胸有成竹，也为其目标的顺利实现起了一个良好的开端。

5．费用预算

刘经理所做销售计划的最后一项，就是销售费用的预算，即在销售目标达成后，企业投入费用的产出比。比如，刘经理所在的方便面企业，销售目标5个亿；其中，工资费用500万元，差旅费用300万元，管理费用100万元，培训费、招待费以及其他杂费等费用100万元，合计1000万元，费用占比2%。通过费用预算，刘经理可以合理地进行费用控制和调配，使企业的资源"好钢用在刀刃上"，以求企业的资金利用率达到最大化，从而不偏离市场发展轨道。

刘经理在做年度销售工作计划时，还充分利用了表格这套工具，比如，销售目标的分解、人员规划、培训纲目、费用预算等，都通过表格的形式予以体现，不仅一目了然，而且还具有对比性、参照性，使以上内容更加直观和易于理解。

（注：摘选自网上公开案例）

复习思考题

1．一份完整的计划书需要包括哪些内容？

2．上述阅读材料中的计划属于什么类型的计划？

3．谈谈你对商业计划书的感想。

4. 怎样理解决策的含义及分类？

5. 决策的基本程序是什么？

6. 定性决策的方法有哪些？

7. 运用决策原理谈谈你对自己最近一件重要事情的决定判断。

案例分析

董事会投了否决票

某有色贸易公司是一家进出口集团公司控股的下属公司，专门从事有色金属的进出口业务。为扩大业务领域，该公司的铜矿进出口业务部打算通过招投标方式参与某重点公路工程的沥青进口采购工作。经过艰苦努力，该业务部的招标方案和另外几家公司的招标方案同时中标，分配给该公司的大约是 2000 万人民币的沥青供应任务，资金通过银行贷款能够解决，这一业务可使公司获利 60 万元。然而，这一方案提交董事会讨论时由于资金需要量大、收回投资周期长、风险大（待工程验收合格期满后才能收回贷款）而被否决。方案被否决后，从事这项工作的员工积极性受到重创，情绪低落；因中标而不做，其信誉在公路工程中受到损害，以后想再进入公路工程建设项目的可能性极小；此外还损失了参与投标而交的 28.9 万元押金（这 28.9 万元押金最后以新产品开发费入账）。

【问题】

（1）该董事会的决策是否正确？为什么？

（2）该案例给你什么启示？

（注：摘选自网上公开案例）

实 践 训 练

【实训项目】分析与决策能力。

【实训目标】

（1）培养观察环境，分析界定问题的能力。

（2）提高依据环境，审时度势地进行决策的能力。

【实训内容】

（1）观察环境，分析界定问题能力。

（2）如何提高个人决策能力。

【实训组织与要求】

（1）在课下准备，可安排 1～2 课时集中讨论（也可作为学生的课外作业，不安排课堂讨论），教师做引导和评价。

（2）每名学生认真阅读本章案例及参考资料，并查找有关资料，积极参与讨论。

（3）以小组形式开展实训，由第二章实训组建的模拟公司组织讨论，每人写出发言提纲或分析材料，小组内部进行记录。

（4）小组提交讨论的最终结果（含讨论时间、地方、主题、结论、参与人员等），以及组内成员发言分析材料和记录，据此评定小组及组员实训成绩。

第四章　组　　织

学习目标

1. 掌握组织的含义。
2. 理解管理幅度和管理层次的含义。
3. 系统掌握组织设计的原则和程序。
4. 系统掌握几种常见的组织形式。
5. 把握组织变革的影响和意义。

第一节　组织的基本问题

一、组织的概念

（一）组织的含义

所谓组织，其实有两层含义：其一是名词意义上的组织，是一个有意形成的立式的职位结构，简言之就是由人构成的一种群体，相当于日常所说的各种各样的单位。这一含义强调了 3 个方面的意思：一是组织必须具有目标；二是组织是由人组成的，是人的集合；三是组织的有序性，即组织中的人不是混乱地汇合在一起，而是通过人员间的分工合作和各种规章制度形成的有机体。因此，并不是所有人的集合都能称得上"组织"。其二是动词意义上的组织，是为了实现分工合作而进行的一种活动安排，是一个对人、财、物等资源进行合理配置的过程。主要包括以下含义：一是合理的设计组织机构，即明确组织机构所涵盖的主要内容，对工作进行划分与归类，确定管理部门，确定合理的管理幅度与管理层次；二是适度分权与正确授权；三是人力资源管理；四是组织文化的培育与建设；五是正确处理组织与环境之间的关系，适时推动组织变革。

（二）组织的作用

（1）人力汇集作用，组织可以完成个人所不能完成的工作。

（2）人力放大作用，通过组织的"综合效应"作用可以放大人力作用。

二、部门化

部门是指组织中主管人员为完成规定的任务有管辖的一个特殊的领域。"部门"在不同的组织中有不同的称呼，如公司中称为分公司、部、室；政府机构中称为部、局、处、科等。部门化就是将若干职位组合在一起的依据和方式。每一个组织都可以有其划分和组合工作活动的独特方式。图 4-1 显示了 5 种通用的部门化方式。

职能部门化是依据所履行的职能来组合工作。因为各组织的目标和要开展的工作活动是有差异的，所以尽管具体的职能会有不同，但这种部门化方式可以在各种类型组织中得到应用。产品部门化是依据产品线来组合工作。在这种方式下，每一主要产品领域都划归到一位主管人员的管辖之下，该主管人员不仅使所分管产品线的专家，而且对所开展的一切活动负

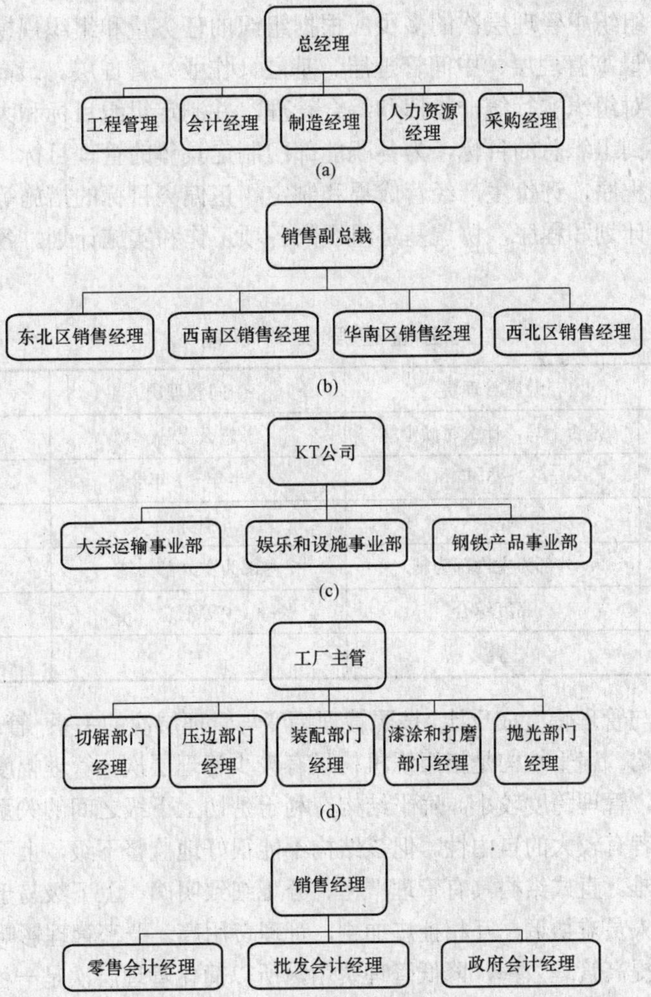

图 4-1　5 种通用的部门化方式

（a）职能部门化；（b）地区部门化；（c）产品部门化；（d）过程部门化；（e）顾客部门化

责。地区部门化是按照地理区域进行工作的组合，如将在本国内运营的组织划分为东北部、华北部、华中部、华南部等，全球化的企业可能分设美洲、欧洲、亚太区等。过程部门化是依据产品或顾客流来组合工作，使各项工作活动沿着处理产品或为顾客提供服务的工艺过程的顺序来组织。顾客部门化是依据共同的顾客来组合工作，这组顾客具有某类相同的需要或问题，要有相应的专家才能更好地予以满足。

　　大型组织通常要将上述大部分或全部的部门化方式结合起来使用。例如，国内某大型家电企业组建了事业部结构，事业部内部是按照职能进行组织的，制造单位则按过程来组织，销售系统按地域分设为 7 个部，而地区部下又进一步分设 4 个顾客组。

三、管理层次和管理幅度

（一）管理层次

管理层次又称组织层次，指组织中建立的授权级别的数量，指企业纵向管理的等级层次，又称等级制结构。组织中管理层次的多少应根据组织的任务量和组织规模的大小而定。通常分 3 个管理层次：最高管理层、中间管理层、基层（作业）管理层。最高管理层主要职能是从整体利益出发，对组织实行统一指挥和综合管理，并制定组织目标和大政方针。中间管理层主要职能是为达到组织总的目标，为各职能部门制定具体的管理目标，拟订和选择计划的实施方案、步骤和程序，评价生产经营成果和制定纠正偏离目标的措施等。基层管理层主要职能是按照规定的计划和程序，协调基层组织的各项工作和实施计划。各管理层次的职能如表 4-1 所示。

表 4-1　　　　　　　　　　　　各 管 理 层 次 的 职 能

项目	最高管理层	中间管理层	基层管理层
主要关心问题	是否上马，什么时候上马	怎么上马	怎么干好
时间幅度	3～5 年	半年～2 年	周、月
视野	宽广	中等	狭窄
信息来源	外部为主内部为辅	内部为主外部为辅	内部
信息特征	高度综合	中等汇总	详尽
不肯定和冒险程度	高	中	低

管理层次通常与管理幅度成反比，按照管理幅度与管理层次的关系，管理层次有两种结构：扁平结构和直式结构。扁平结构是指组织机构只有较少管理层次，管理幅度较大；而直式结构是指管理层次较多，管理跨度较小。扁平结构有利于密切上下级之间的关系，信息流动快，管理费用低，被管理者有较大的自由性。但该结构不能很好地监督下级，上下级协调较差，同级间相互沟通联络困难。直式结构具有管理严密、分工细致明确、上下级易于协调等优点；但因为层次多带来管理人员难协调，互相扯皮加剧，管理费用高，严密管理影响下级的积极性和创造性等问题。为了提高管理效率，降低管理费用，所以简化管理层次是一种趋势。

✎ 小资料

1992 年，沃尔玛超过希尔斯公司成为美国的第一号零售商。管理大师汤姆·彼得斯早在几年前就预见到这一结果。他说："希尔斯不会有机会的，一个 12 层次的公司无法与一个 3 个层次的公司抗争。"汤姆·彼得斯也许有点夸大其词，但这个结论清楚地放映了近年来出现的管理幅度来设计扁平结构的趋势。

（二）管理幅度

管理幅度又称管理跨度或控制跨度，指一个上级直接监控的下级人员的数量。管理幅度与管理层次是反相关关系。在其他条件不变情况下，管理幅度大，管理层次少；管理幅度小，管理层次多。管理幅度一般是上窄下宽的。组织层次越高管理跨度越小；组织层次越低管理跨度越大。管理者由于受自身知识、能力、经验的限制，能有效管理下属的人数是有限的。假定其他条件不变，管理跨度越宽或者越大，则组织就越有效率。

举例说明，假设有两个组织，他们的作业人员约为 4100 人。如果一个组织的管理幅度各层次均为 4，而另一个组织的幅度为 8，那么跨度大的组织就可以减少两个管理层，大约精简管理人员 800 人。假如管理人员人均年薪 4 万元，则加宽管理幅度后将使组织在管理人员工资上每年节约 320 万元。从成本角度看，幅度宽明显是有效率的。但如果超过了某一限度，宽幅度会导致管理效果降低。这是因为当幅度过大时，下属员工的绩效会因为管理者没有足够的时间提供必要的指导和支持而受到影响。

有许多因素影响着一个管理者能既有效率又有效果的管理下属人员的合适数量。影响管理幅度的因素主要有：①管理者的能力。一般认为管理者经验丰富、能力强，管理幅度可以扩大。②被管理者的水平。下级人员工作能力强、专业素质高，管理幅度也可以扩大。③工作性质。工作复杂多变，监管工作量大，那么管理幅度就应缩小。④沟通的有效性。上下级之间和下级之间沟通渠道越通畅、准确，管理幅度越大。⑤监管手段。如果有较先进的监管手段，可以减少管理者监管的时间和精力，那么管理幅度可以扩大。⑥管理层次高低。高层管理幅度一般较小，而低层管理幅度较大。

近几年的趋势是朝着加宽管理幅度的方向发展。加宽管理幅度，这与管理者力图降低成本、加快决策、增强组织灵活性、更接近顾客以及向员工授权等的努力是一致的。但为了确保绩效不因跨度大而受到影响，这些组织都正在员工培训方面投入巨资。管理者认识到，要使员工能掌握好自己的工作，知道与其他工作的关联，或在遇到难题时能求助于同事，那么，宽管理幅度就不会有问题。

四、集权与分权

（一）集权和分权的含义

集权是指决策权在组织较高层次的一定程度的集中，也就是说高层管理者在做出组织的关键决策时，从不或很少从底层取得决策投入。分权是指底层人员提供了更多的决策投入，或者实际上底层人员可以做出决策。集权或分权制是一个相对的概念，组织不可能有绝对的集权或绝对的分权。绝对的集权就是把所有的权力都集中在最高管理层，如果这样的话，其他管理层次就没有存在的必要了。同样地，如果将所有决策权都授予下层员工，组织也不会有效率。因此，有效率的组织应该存在着某种程度的分权。

（二）影响集权与分权的因素

影响集权与分权的因素主要有：①环境因素。环境稳定组织可以更集权化，环境复杂而不确定的组织应更分权化。②低层管理者的管理素质。如果低层管理者不具有高层管理者的决策能力或经验，或者低层管理者不愿意介入决策，那么组织可以更集权化；反之应更分权化。③决策的代价。如果决策的影响大，一旦决策失误会给组织带来巨大损失那么应更集权；反之应分权。④组织的规模。组织规模大且地域集中则易于集权化；反之应分权。⑤决定决策执行情况的因素。如果企业战略的有效执行依赖于高层管理者对所发生的事拥有发言权，那么组织这时应更集权；如果企业战略的有效执行依赖于低层管理者的参与以及制定决策的灵活性，那么这时组织应更分权。另外组织的历史、管理哲学、控制技术及手段的完善程度等都会影响组织的决策权的授予。

当前已出现的一个明显趋势是决策权下放。这与组织力图更具灵活性和反应能力的努力是一致的。尤其是在一些大型企业中，低层管理者因为更接近生产，比起高层管理者，他们对问题及解决问题的办法有更深刻的认识。

五、正式组织与非正式组织

（一）正式组织

正式组织是指为了完成组织所规定的特定目的与特定工作而产生的正式官方组织机构，

如一个企业的车间、销售部等。正式组织具有的基本特征：①有明确的组织目标，组织活动以效率、效益为主要标准，通过制定种种规章制度来约束个人行为；②建立权威，赋予领导以正式权力；③分配角色和任务，规定成员之间相互关系。

（二）非正式组织

非正式组织是未经正式筹划而由人们在交往中自发形成的一种关于个人与社会的关系网络，这种关系网络并非由法定的权力机构所建立，也不是出于权力机构的要求，而是在人们彼此交往的联系中自发形成的，如校友会、书画协会等。一般而言，非正式组织可以存在于任何一种群体之中，只要群体成员对这一组织形式有一定的需求。非正式组织中成员的行为规范是约定俗成的，因此这种约束是软化的，非强制的；非正式组织中也有领导者，但领导者是群体成员推荐产生而不是上级任命；非正式组织的内聚力比较强。

六、直线与参谋

（一）直线关系与参谋关系

在企业组织中，直线与参谋是两类不同的职权关系。直线关系是一种指挥和命令的关系，授予直线人员的是决策和行动的权力；而参谋关系则是一种服务和协助的关系，授予参谋人员的是思考、筹划和建议的权力。

从机构形态来看，把那些对组织目标的实现负有直接责任的部门成为直线机构，而把那些为实现组织基本目标协助直线人员有效工作而设置的部门称为参谋机构。根据这个区分，人们通常把企业中的生产、销售部门称为直线机构，而把人事、财务等部门列为参谋部门。

（二）直线与参谋的矛盾

设置作为直线主管助手的参谋职务，不仅可以保证直线的统一指挥，而且能够适应管理复杂活动对于多种专业知识的要求。然而在实践中，直线与参谋的矛盾冲突，往往是造成组织缺乏效率的重要原因之一。考察这些低效率的组织活动，通常可以发现这样两种不同的倾向：要么保持了命令的统一性，但参谋作用不能充分发挥；要么参谋作用发挥失当，破坏了统一指挥的原则。这使得实际工作中，两者常常相互产生不满情绪。

（三）合理发挥参谋的作用

合理发挥参谋的作用，首先，要求明确直线与参谋的关系，分清双方的职权关系与存在价值，从而形成相互配合的关系；其次，授予参谋机构必要的职能权力，以提高参谋人员的积极性；最后，直线经理为参谋人员提供必要的信息条件，以便从参谋人员处获得价值的支持。总之，处理好直线与参谋之间的矛盾关系，一方面要求参谋人员经常提醒自己"不要越权"、"不要篡权"；另一方面，也要求直线经理尊重参谋人员所拥有的专业知识，自觉利用他们的专长，取长补短。

七、组织结构设计的原则

（一）组织结构的含义

组织结构是组织内的全体成员为实现组织目标，在管理工作中进行分工协作，通过职务、职责、职权及相互关系构成的结构体系。组织结构的本质是组织成员间的分工协作关系，组织结构的内涵就是人们的职、责、权关系，因此，组织结构又可称为权责关系。

组织结构具体包括以下内容：

1. 职能结构

职能结构是指完成组织目标所需的各项业务工作及其比例和关系。如一个企业有经营、生产、技术、后勤、管理等不同的业务职能，各项工作任务都为实现企业的总体目标服务，但各部分的权责关系却不同。

2. 层次结构

层次结构是指各管理层次的构成，又称组织的纵向结构。例如，公司机构的纵向层次大致可分为：董事会—总经理—各职能部门，而各职能部门下边又设基层部门，基层部门下边又设立班组。这样就形成了一个自上而下的纵向组织结构层次。

3. 部门结构

部门结构是指各管理或业务部门的构成，又称组织的横向结构。如企业设置生产部、技术部、营销部、财务部、人事部等。

4. 职权结构

职权结构是指各层次、各部门在权力和职责方面的分工及相互关系。如董事会负责决策，经理负责执行与指挥各职能层次、部门之间的协作关系、监督与被监督关系等。

（二）组织设计应考虑的影响因素

企业的组织结构应与企业所处的环境相适应，因为企业最终是要到环境中去运行的。设计什么样的组织结构，要根据企业本身的条件，因为，一方面设计出来的组织结构要靠这些条件来支撑，另一方面组织结构的存在也是为企业的经营管理活动服务的。因此，因地因事制宜，是现代组织设计的基本思想。企业的组织设计一般应考虑如下影响因素：

1. 经营业务的性质和内容

为企业经营业务服务是企业组织设计的出发点和归宿。设计组织结构的根本目的是为经营业务创建良好的组织环境。经营业务活动的内容是设置工作岗位的依据，经营业务活动的运行方式决定着部门的划分和组织结构框架。很显然生产工业产品的工厂、经营日用品的百货商场和信息咨询公司所需要的组织结构是截然不同的。

2. 经营规模

经营规模的大小是影响组织结构中管理跨度和层次结构的重要因素。规模越大，其内部工作的专业化程度就应越高，标准化操作程序就越容易建立。这样管理者用于处理日常事务的时间就越少，因而管理跨度就可以大一些。从这一点来说，规模大的企业，由于管理跨度可以大一些，有利于减少管理层次。但是，规模大的企业，经营范围宽，业务量大，有些管理职能就可能需要独立出来，这就会增加机构，增加层次。而且规模太大，受管理者能力的限制，分权的程度就会高，有可能需要建立分权式的组织结构。

3. 技术复杂程度

技术复杂程度是影响组织内部协调关系的重要因素。一般来说，技术越复杂，部门或个人之间的交往越多，信息传输量大，传输频次增大。因而相互之间的协调关系变得复杂。为了有效协调，或者增加协调机构，或者调整组织结构。技术复杂程度高的企业，其自动化程度也高，操作人员和工作岗位减少，基层管理的跨度可能变小。但对上层管理人员来说，由于专业化程度和标准化程度高，管理幅度可以增大。总的情况是管理人员的比重增大。

4. 人员素质因素

人是组织中的决定因素。企业的组织结构实际是人的职位结构。组织结构设计出来后，是由人来担任各个职位上的角色。各个职位上的责任和权力，以及相互之间的各种关系，都要通过人的活动才能体现出来。所以，组织中人的素质对组织结构起着决定性的作用。人员的素质包括身体条件、政治思想、职业道德、知识水平等。高素质的管理者，可以承担更多的责任，可以赋予他更大的权力；一专多能的人才，可以身兼多职，这样可以减少人员和机构。管理人员的素质也是影响权力来源结构的重要因素。

5. 地理分布

地理分布是指企业经营活动在地理位置上的分布。不难理解，地理分布越分散，内部的信息沟通就越困难，集中控制的难度就越大。因此，地理分布会影响管理的跨度，影响集权与分权的程度。因此划分部门和决定管理层次时，地理分布是必须考虑的重要因素。

6. 外部环境因素的变化程度

外部环境的经常变化要求企业的组织结构应具有较强的适应性。机械式的组织结构只能适用于稳定的外部环境。变化频繁的环境则要求组织结构应具有灵活的动态性。环境越是复杂和动荡不定，就越要组织内部协调合作，形成统一整体。

（三）组织结构设计的原则

组织结构设计是指对一个组织的组织机构进行规划、构造、创新或再造，以便从组织的结构上确保组织目标的有效实现，也就是说，管理人员在设立或变革一个组织的结构时，他们就是在进行组织结构设计的工作。为了能设计出适合组织实际的高效的组织结构，组织结构设计应遵循一些基本的原则。

1. 目标明确化原则

组织结构是一种实现目标的工具，所以必须限于组织结构的开发而系统地提出一套目标。规定各项目标，会使组织机构有一种明确的方向感，以便指导工作的实施和促进全面管理的过程。如果没有明确的目标，不仅会使组织机构的工作盲目无序，而且也会丧失组织机构存在的理由。

2. 因事设职与因职用人相结合的原则

组织设计的根本目的是保证组织目标的实现，使目标活动的每项内容都落实到具体的岗位和部门，即"事事有人做"，而非"人人有事做"。因此，组织设计中，首先要考虑工作的特点和需要，要求因事设职，因职用人，而非相反。但这并不意味着组织设计中可以忽略人的因素，以及忽视人的特点和人的能力。

3. 分工合理原则

许多工作并非一个人可以全部完成，必须要将工作划分为若干步骤，有一个人单独完成其中的一个步骤。在组织内部合理分工要做到事事有人做，人人有事做，既不留空职，也不出现重叠。如果组织中出现了空职和重叠，那么有些事情没人去干，有些事情争着去做。虽然分工有许多优点，可以带来经济性，但过细的分工也可能带来某些负面影响，产生非经济性。因为过细的分工会使工作变得高度重复、枯燥、单调，导致职工产生厌烦和不满情绪。

4. 统一指挥原则

除了位于组织金字塔顶部的最高行政指挥外，组织中的所有其他成员在工作中都会受到来自上级行政部门或负责人的命令，根据上级的指令开始或结束自己的工作。但是如果一个下属同时接受两个上司的命令，而这两个上司的命令又不一致的话，就会使该下属的工作陷入混乱。按一位上司的命令做会招致另一位上司的指责，不采取任何行动又会给整个组织带来危害。这种现象是组织设计中应注意避免的。组织中不应出现"多头领导"的现象，而应是"统一指挥"即组织中任何成员只能接受一个上司的领导。

5. 责权一致性原则

责权一致性原则，要求组织结构中的各个部门和个人不仅要有明确的工作任务和责任，而且还要有相应的权力，即责权相适应。有责无权，不能保证组织机构正常履行工作职能，大部分的责任就会难以实现。权力过大，会造成滥用职权，企业运行混乱。因此必须实现责权的对等和统一。

6. 精简原则

所谓精简，是指企业的组织结构在满足经营需要，保证企业目标实现的前提下，把组织中的机构和人员的数量减少到最低限度，使组织结构的规模与所承担的任务相适应。机构臃肿、人浮于事，这一方面浪费了人力资源，另一方面由于多余环节的存在，增大了交往成本。而且人员一多，还会增加人际关系方面的矛盾。坚持精简原则就是要对组织机构能取消的取消，能合并的合并，能代替的代替。通过职能转变，使机构消肿以及人员精简来提高组织效率。

7. 有效管理幅度和管理层次原则

现实中，并不是管理层次越少、管理幅度越大就越好。事实上，由于管理者受时间和精力等方面因素的制约，往往不能够直接指挥组织各方面活动。如果管理幅度过大，超出领导者的能力，就会造成组织管理的混乱；而管理幅度过小，则会造成管理费用高，资源浪费。因而需要确定一个适宜的管理幅度。

第二节　常见的组织结构形式

设置组织结构需要选择适当的组织结构形式，不同的组织结构有不同的特点，适用于不同的组织，因而各组织在进行组织结构设计时，不能用统一的固定的模式，应根据组织自身的特点，选择适合的组织结构。常见的一些组织结构形式有：直线制、职能制、直线职能制、矩阵制、事业部制、集团控股型和网络型等。下面以企业为例介绍几种基本的组织结构形式。

一、直线制组织结构

（一）基本特点

直线制组织结构也称为单线型组织结构，是一种最早使用也最为简单的一种组织结构类型（图 4-2）。"直线"是指在这种组织结构中职权从组织上层流向组织的基层。这种组织结构的特点是：每个主管人员对其直接下属有直接职权；每个人只能向一位直

图 4-2　直线制组织结构

接上级报告；主管人员在其管辖的范围内，有绝对的职权或完全的职权。

（二）优缺点

直线制组织结构的优点在于结构比较简单，责任与职权明确，作出决策可以比较容易和迅速。其缺点是在组织规模较大的情况下，业务比较复杂，所有的管理都由一人来承担，这

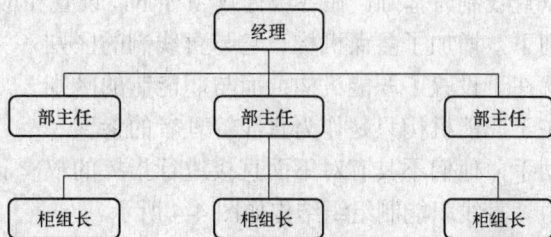

是比较困难的，往往由于个人的知识及能力有限发生较多失误；另外每个部门只关心本部门的工作，因而各部门的协调比较差。

（三）使用范围

直线制组织结构形式一般只适用于生产规模较小、产品单一、管理简单、业务性质单纯，没有必要按职能实行专业化管理的小型组织或者是现场的作业管理。

二、职能制组织结构

（一）基本特点

职能制组织结构是采用按照职能分工设置相应的职能部门，实行专业分工管理，各职能部门在自己的业务范围内都有权向下级下达命令和指令。即下级除了要服从上级直接领导和指挥以外，还受到上级各职能部门的管理。职能制组织结构如图4-3所示。

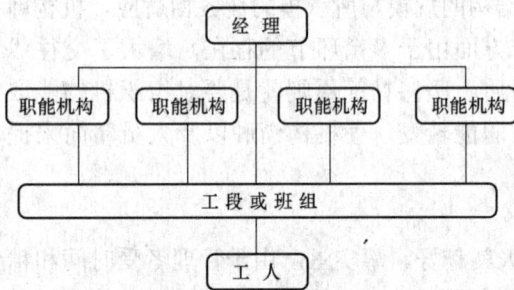

图 4-3　职能制组织结构

（二）优缺点

职能制组织结构的优点是：可以发挥职能机构的专业管理的作用，对下级工作指导具体，从而弥补了行政领导管理能力的不足。职能制组织结构的缺点是：违反了组织的统一指挥原则，容易形成多头领导，造成管理混乱，各职能部门不能很好地配合，横向联系较差。另外，职能制组织结构强调专业化，职能经理们只能参与本职能部门的管理，很少接触部门以外的事务，不利于将职能经理培养成为上层管理者的需要。

（三）使用范围

职能制组织结构适用于任务复杂的社会管理组织和生产技术复杂，各项管理工作需要具有专业知识的组织。但由于现今经济联系日益复杂，对环境变化的适应性要求越来越高，所以实际生活中不存在纯粹的职能制组织结构。

三、直线职能制组织结构

（一）基本特点

直线职能制组织结构是各类组织中最常采用的一种组织形式。直线职能制组织结构，是以直线制为基础，在各级行政领导下，设置相应的职能部门。即在直线制组织统一指挥的原则下，增加了参谋机构。它与直线制的区别就在于设置了职能机构；而与职能制的区别在于职能机构只是作为直线管理者的参谋和助手，他们不具有对下面直接进行指挥的权力。直线职能制组织结构如图4-4所示。

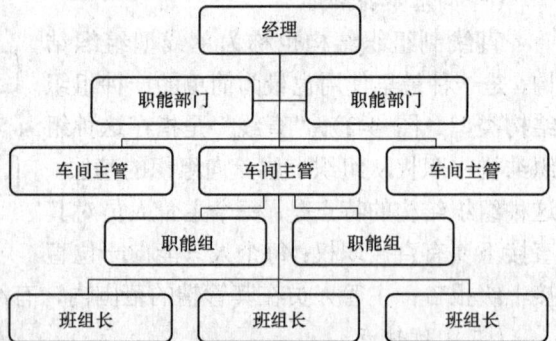

（二）优缺点

直线职能制组织结构的优点是：既保证了集中统一的指挥，又能发挥各种专业管理职能的长处。因此组织分工明确，职责清楚，人财物可以有效调配。直线职能制组织结构的缺点主要有：各职能部门自成体系，不重

图 4-4　直线职能制组织结构

视信息的横向沟通，工作易重复，造成效率不高，对环境变化反应迟钝。另外，组织若授权职能部门权力过大，还容易干扰直线指挥命令系统。

（三）使用范围

直线职能制被我国绝大多数企业采用。直线职能制一般适用于企业规模比较小、产品品种比较简单、工艺比较稳定、市场销售情况比较容易掌握的情况下。

四、事业部制

（一）基本特点

事业部制组织结构是由美国的斯隆在 20 世纪 20 年代初担任美国通用汽车公司总经理时研究和设计出来的，故也被称为"斯隆模型"。其管理原则是"集中决策，分散经营"，即在总经理的领导下，按地区、市场或商品设立事业部，各事业部有相对独立的责任和权利。企业战略方针的确定和重大决策集中在总经理层，事业部在总经理的领导下，依据企业的战略方针和决策实行分权化的独立经营。各事业部作为利润中心，实行独立的财务核算，总部一般按事业部的盈利多少决定对事业部的奖惩。但事业部的独立性是相对的，不是独立的法人，只是总部的一个分支机构，即分公司。它的利润是依赖于公司总部的政策计算的，它在人事政策，形象设计，价格管理和投资决策方面一般没有自主权。事业部制组织结构见图 4-5 所示。

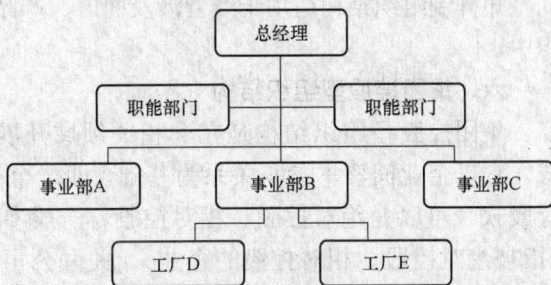

图 4-5　事业部制组织结构

（二）优缺点

事业部制的优点是：组织内责权利划分比较明确，既能较好地调动各事业部管理人员地积极性又可以帮助上层领导摆脱日常事务，集中精力规划好企业的战略方针。各事业部之间有比较和竞争，可以克服组织的僵化和官僚作风，提高对市场竞争环境的灵敏性和适应性。另外，事业部门的独立生产经营活动，有利于为公司培养高级管理人才。其主要缺点是：每个事业部都需要有完备的职能部门，需要较多的专业人员来管理事业部，造成管理机构多，管理人员比重大，管理成本高。集权与分权的程度有时难以掌握，处理不好会削弱统一性，可能出现架空公司领导，削弱其对事业部控制的情况。事业部之间竞争激烈，可能发生内耗，相互之间协调也较困难。

（三）使用范围

事业部制是欧美、日本大型跨国企业所采用的典型的组织形式。事业部制主要适用于规模大、产品种类繁多或分支机构分布区域广的现代大型企业。

五、矩阵制

（一）基本特点

上述 4 种组织结构形式存在一个共同的弱点，就是横向信息沟通比较困难。为克服这一弊端，在组织结构上由纵横两套系统组成。一套是按职能划分的垂直领导系统，另一套是根据产品项目或某些专门任务成立的跨部门横向领导机构，这样形成的组织结构即为矩阵制。在这种结构中，项目组成员并不专门设置，而是从职能部门中抽调或借用，因而其成员受双重管理。矩阵制组织结构如图 4-6 所示。

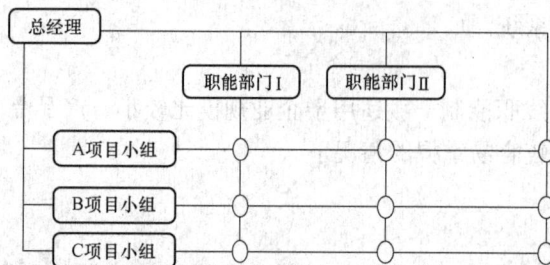

图 4-6　矩阵制组织结构

（二）优缺点

矩阵结构的优点：加强了各职能部门的横向联系，有利于各职能部门间的协作。各种专业人员同在一个组织共同工作一段时期，完成同一任务，为了一个目标互相帮助，相互激发，思路开阔，相得益彰。矩阵结构的缺点主要体现在成员不固定在一个位置，有临时观念所以稳定性较差，有时责任心不够强。人员受双重领导，可能出现多头指挥现象。

（三）使用范围

矩阵制组织结构适用于经营涉及面广、产品品种多、临时性的、复杂的重大工程项目组织中。

六、集团控股型组织结构

集团控股型组织结构是在非相关领域开展多种经营的企业所常用的一种组织结构形式。它以企业间资本参与关系为基础，即一个企业（通常是大公司）通过对另一个企业持有股权（可以是绝对控股、相对控股、一般参股），形成以母公司为核心的，以各子公司（指被绝对控股、相对控股的企业）、关联公司（指被一般参股的企业）、协作企业（指那些通过基于长期契约的业务协作关系而被联结的企业）为紧密层、半紧密层、松散层的企业集团。

集团公司或母公司与它所持股公司的企业单位之间不是上下级之间的行政管理关系，而是出资人对被持股企业的产权管理关系。母公司作为大股东，对持股单位进行产权管理控制的主要手段是：母公司凭借所掌握的股份向子公司派遣产权代表和董事、监事，通过这些人员在子公司股东会、董事会、监事会发挥积极作用而影响子公司的经营决策。集团控股型组织结构如图 4-7 所示。

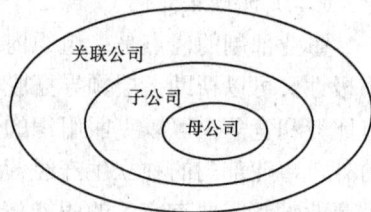

图 4-7　集团控股型组织结构

七、网络型组织结构

（一）基本特点

网络型组织结构是利用现代信息技术手段而建立和发展起来的一种新型组织结构。网络型组织结构是一种只有很精干的核心组织，以契约关系的建立和维系为基础，依靠外部机构进行制造、销售或其他重要业务经营活动的组织结构形式。核心组织自身规模较小但掌握产品、市场的开发、技术创新等核心优势，通过合同外包、转包等形式把加工、制造等业务转移给合作伙伴，从而增强企业的灵活性和适应性。网络型组织结构设计的基本思想是"借力、双赢和共生"。"可以租赁，何必拥有"，"不在所有，重在所用"。这两句话揭示了网络组织的基本思路。一个组织不可能拥有所需要的全部资源，也没必要建立一个大而全、包袱重的组织。应充分利用社会分工协作的优势，扬长避短，优势互补，才能适应市场形势，取得快速发展。网络型组组织结构如图 4-8 所示。

（二）优缺点

网络型组织结构具有较大灵活性，可以更好地结合市场需求来整合各项资源，而且易于操作。由于组织中的大多数活动都实行了外包，因而组织结构可以进一步扁平化，效率也更高。其缺点主要体现在管理缺乏对制造活动的控制力，同时也不利于自身创新技术的保密。网络组织的有效形式靠与供应

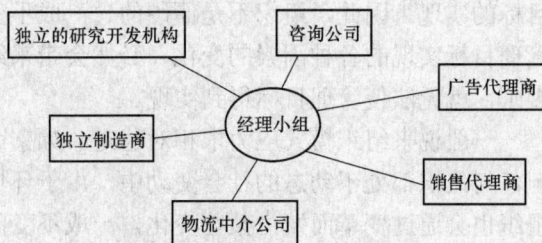

图 4-8　网络型组织结构

商的密切合作来实现的，一旦组织所依存的外部资源出现问题，组织将处于很被动的境地。

（三）使用范围

网络型组织结构对于经营范围单一、分工协作密切的服装、玩具等领域的小型公司不失为一种理想选择，特别是市场环境变化较大的企业。当然，许多跨国大公司也纷纷采用此种组织结构，最典型的如思科、耐克等。

与传统的金字塔式的组织结构相比，现代企业的组织结构呈现出网络化、扁平化、灵活化、多元化、全球化等趋势。伴随着这些趋势，柔性组织、虚拟组织和无边界组织等新型组织结构类型也不断涌现出来。这些新型组织结构更能满足激烈的市场竞争和市场全球化、经营全球化的需要。

【案例 4.1】

联想的组织结构选择

昨天的成功不能保证今天和明天的成功，因为昨天的经验可能已经不适应今天的形势。因此，在科技、社会日新月异的今天，企业要想生存和发展，就必须根据内外环境的变化，及时调整组织结构，绝不能因循守旧，故步自封。在短短十几年时间里，联想的组织结构变了好几茬：从大船结构到舰队模式；从众多的事业部到整合为六大子公司；从北京联想、香港联想分而治之到统一平台……联想几乎每年都在变。但经过几次"折腾"，联想已经摆脱了大多数民营企业小作坊式的经营模式，走向大集团、正规化、协同作战的现代企业管理模式。通过调整，联想不断打破阻碍自己发展的"瓶颈"，从而不断走向成熟。

第三节 组 织 变 革

当今的组织面临一个复杂多变的大环境，企业的组织机构经过合理的设计并实施以后，并不是一成不变的，而要随着客观环境和内部条件的变化而不断地进行调整和改革，从而提高组织的效能。

一、影响组织变革的因素

（一）组织变革的含义

组织变革属于组织设计的范畴，是指对组织结构、组织关系、职权层次、指挥和信息系统所进行的调整和改变。组织建立起来，是为实现管理目标服务的，当管理目标发生变化时，组织也需要通过变革自身来适应这种新变化的要求。即使管理目标没有发生变化，但影响组织的外部环境和内部环境如果发生了变化，那么组织也必须对自身进行变革，才能保证管理

目标的实现。因此，组织不是僵硬的、一成不变的。管理目标的变化，或者影响组织存在和管理目标实现的各种因素的变化，必然会带来组织模式、组织结构、组织关系等相应变化，否则，就无法使管理目标得到实现。

一般说来组织模式应力求相对稳定，频繁而不必要的变动对于实现管理目标是不利的。但任何组织都处于动态的社会变动中，由于环境的变化，影响管理目标的各种因素的变化，组织也会通过变革而发生某些变化，一成不变的组织是不存在的。因为不变革的组织是没有生命力的，是必然要走向衰亡的。所以，组织的变革是绝对的，而组织的稳定是相对的。

在组织的稳定与变革之间，管理者会不会陷入无所适从的状况？因为管理者如果极力维护组织的稳定就有可能导致组织的僵化，如果积极推进组织的变革，又有可能造成组织不稳定和人心涣散。管理者盲目地推行变革也同样会使组织消亡，甚至会使组织消亡得更快。这就要求管理者在推动组织变革时要非常谨慎，必须首先确定组织的变革已经是非常必要的，才能展开变革的进程。在组织的变革中，还需要有正确理论的指导，有计划、有步骤地进行。也就是说，必须根据未来发展可能出现的趋势，在科学预测的基础上，有计划、有步骤地对组织进行变革。只有这样才能使组织的变革获得成功，才能使组织得到生存和发展，反之则会使组织倒退或消亡。

（二）影响组织变革的因素

影响组织变革的因素有外部环境因素和内部环境因素两方面。

1. 外部环境因素

（1）宏观社会环境的影响。企业作为一个开放系统，时刻受到宏观社会经济环境的影响。国家每一次政治与经济政策的调整、市场需求的变化等，都会影响着企业的结构与机能的变化。

（2）激烈的市场竞争的影响。随着经济全球化的发展，组织之间的竞争必然愈加激烈。每个企业为了适应竞争、力争取胜、增强活力，不得不对组织进行变革。

（3）科技进步的影响。当代科技的发展日新月异，新产品、新技术、新工艺、新方法层出不穷，对组织的固有运行机制构成了强有力的挑战。组织不适时地进行改革，就会落后于时代的发展。

（4）经营观念改变的影响。经济全球化使市场竞争日益激烈，组织的经营者若想适应竞争的要求，就必须要在竞争观念、经营观念上顺势调整，力争上游。

2. 内部环境因素

组织目标、人员素质、技术水平、个人价值观、结构系统、管理水平、管理方法、人际关系、产品方向、经营范围和经营方式等因素的改变，都会促使组织进行变革。外部环境的变化一般会引起组织大的变动，内部环境的变化一般会引起组织内部局部的结构调整。

组织变革大都不是突发性的，而是有先兆可循的。如果在管理中发生如下几种情况，就必须认真思考组织的变革问题。

（1）频繁的决策失误。表面看来，决策失误是由各种原因造成的，而实际上决策失误的根源是组织问题。比如，决策失误可能是由于主管人员的主观原因造成的，但组织为什么没有在结构上、体制上给予决策以客观保证呢？在这种意义上一切决策失误都是由于组织的原因，组织结构的不合理、职权委任不合适、职责含糊、命令链混乱等，都会造成频繁的决策失误。但是，偶然的决策失误并不是变革组织的理由，因此，应当首先在变革的成本、组织目前的效率和决策失误的后果之间做出权衡，然后才能做出是否进行组织变革的决定。

（2）组织成员间沟通不灵。组织作为一个有机体，是依赖于成员间的沟通的，有效的沟通可以使成员间的分工与协作都处在高效的状态，使纵向的上下级关系和横向的同级关系都处在高度协调的状态。但是，组织成员间的沟通是取决于组织的状况的，比如，命令链或信息链混乱，或者所采用的传递信息手段不合适，就会造成沟通不灵；管理宽度过大，主管人员与下属之间就不可能存在有效的沟通，管理层次过多，就增加了命令和信息失真的可能性。这样一来，就不能形成成员间主动的协调和配合，反而会产生一些不必要的冲突、摩擦和误会。

（3）管理业绩长期不理想。结构合理、职责分明、行动有序、信息通畅的组织必然意味着较好的管理效益，如果一个管理系统中长期存在着士气不高、经营不善、业绩不理想，以至于管理目标总不能得到实现，那么就必须考虑对组织进行变革。组织业绩不理想的问题，在企业管理中是最容易发现的，比如，一个企业生产部门的进度太慢、成本过高、质量不符合要求，销售部门的顾客减少或销售增长未能如期实现，财务部门的资金周转不灵，人事部门因为在职责、职权或报酬、待遇的安排上不当引起纠纷等。这些问题只要有一个存在，而且比较严重，就有理由对组织进行变革前的全面审查。

（4）缺乏创新。即使一个管理系统处在正常的运营状况下，如果长期没有创新，也需要进行变革。比如一个企业虽然尚未遇到严重的困难，但在产品的品种、质量和数量方面，却长期保持在一个水平上，那就表明这个企业很快就会面临困境。因为任何一个管理系统都不是孤立的，都处在与环境的互动关系中，环境是一个不断变化着的因素，如果在变动的环境面前保持不动，很快就会僵化、萎缩和丧失生命力，一个组织只有不断地拥有突破性的战略预见、超前性的行动措施和创造性的新成果，才能有旺盛的生命力，否则，就会滞后于环境，因而不得不进行变革。

一旦存在着这些变革的先兆，组织的主管人员就应当考虑是否需要采取措施，进行组织变革。

【案例 4.2】

任何组织都有生命周期

某管理咨询专家曾说过："任何组织都有自己的生命周期，都会面临衰老和死亡，在竞争激烈的市场环境下，组织要么变革获得新生，要么慢慢走向死亡。"任何动物都有自己的生命周期，都要经历一个诞生、成长、成熟和死亡的过程，组织也不例外，一般也有其出现、成长、发展、衰退、消亡的过程，都不得不面临衰老和死亡的问题。根据权威统计，日本和欧洲公司的平均寿命是 12.5 年，40%的公司不到 10 年便夭折了，即便是大型公司，也很难维持40 年。而在美国，平均有 62%的公司存活不到 5 年，寿命超过 20 年的公司只占公司总数的10%，只有 2%的公司能存活 50 年以上。但是世界上仍有不到 1%的组织却打破了生命周期的轮环，创造了不朽的长寿神话。2006 年《胡润百富》发布了《全球最古老的家族企业榜》，全球 100 家家族企业上榜，其中最长寿是日本的建筑企业金刚组，它成立于公元 578 年，传到第 40 代，已有 1400 多年的历史；排名第二的是日本粟津温泉酒店，已有 1288 年的历史；即使排名 100 的美国酿酒企业 Laird&Co.的寿命也超过了 225 年。这些长寿企业的存在告诉我们：组织通过努力可以摆脱寿命限制而永存。那么这些组织长寿的原因在哪里？通过对这些企业组织生命周期的比较分析，我们认为：如果在生命周期的成熟期，组织敢于进行彻底的变革，打破已成为组织发展绊脚石的旧的组织结构，重新进行正确的战略规划和架构调整，并以此作为新的发展起点，追求更高水平的发展，就可以度过组织危机，跨入新的生命周期曲线，实现组织生命再生。因此，在竞争越来越激烈的残酷市场环境下，不管任何组织，要么变革，要么死亡。组织只有不断变革、创新、跨越、再生，才能永葆青春，长寿百岁甚至千岁，实现组织的可持续发展。

二、组织变革的动力和阻力

在现代社会，越来越多的组织面临着一种复杂、动态多变的环境。如果说以前的管理特点是长期的稳定伴随着偶尔的、短期的变革，今天的情形正好相反，往往是长期的变革伴随着短期的稳定。在这种情况下，管理者必须比以往任何时候更加关注变革和变革管理，帮助员工更好地理解不断变革中的工作环境，并采取措施克服变革的阻力，激发变革的动力，使组织在变革中求得繁荣和发展。

任何变革都面临着动力和阻力问题。这是对待变革所表现出来的两种不同的态度及方向相反的作用力量。这两种力量的强弱对比，会从根本上决定变革的进程、代价乃至成败。

（一）组织变革的动力

所谓动力，就是赞成和支持变革并努力去实施变革的驱动力。变革的动力，总的说来，是来源于人们对变革的必要性及变革所能带来好处的认识。比如，企业内外客观条件的变化，组织本身存在的问题，各层次管理者居安思危的忧患意识，以及变革可能带来的权力和利益关系的变化，这些都可能引发变革的动机，形成变革的推动力量。

（二）组织变革的阻力

所谓阻力，是人们反对变革、阻挠变革甚至对抗变革的制约力。变革的阻力可能来源于个体、群体，也可能来源于组织本身甚至外部环境。个体对变革的阻力可能因习惯难以改变、就业安全需要、经济收入变化、对未知状态的恐惧以及对变革的认知存在偏差等而引起。来自组织方面的变革阻力包括现行结构的束缚、组织运行的惯性、变革对已有权力关系和资源分配格局造成的威胁和破坏，以及系统内部间及与外部之间固有的联系等。从本质上说，组织问题是错综复杂、相互关联的，但某一期间的变革通常只能变革有限的一些问题，这样就不可避免地会形成系统内部各要素相互牵制的制约力。另外，外部环境的束缚也是形成变革阻力的一种来源。

（三）实施组织变革的对策和措施

变革过程是一种破旧立新，自然会面临推动力与制约力相互交错和混合的状态。变革管理者的任务，就是要采取措施增加动力减少阻力，改变这两种力量的对比，促进变革更顺利进行。具体措施如下：

（1）加强与员工的沟通，组织员工参加组织变革的诊断调研和计划工作，让员工明白变革的意义。

（2）人力资源部门要为组织变革服务，大力推行与组织变革相适应的人员培训计划。

（3）运用适当的激励手段，提高员工的工资和福利待遇，重用一些富有开拓精神的员工。

（4）提高领导者自身素质，完善领导行为方式，帮助其成为企业的精神领袖。

三、组织变革的过程

（一）组织变革的程序

任何一项变革必须有计划地进行，没有变革的计划和变革的方案，就不可能存在着变革的行动。完整的组织变革程序包括：

（1）确定问题：提出组织结构需要变革的目标和问题。

（2）组织诊断：收集资料和情况，进行组织结构分析，找出问题的根源。

（3）制定变革方针：确定变革的指导思想、方式。组织变革的方式主要有改良式的变革、革命式的变革和计划式的变革。具体应根据本组织外部环境和内部条件选择适当的变革方式。

（4）提出变革方案：对具体的需要变革的因素进行分析，制定多个可行的改革方案，以供决策者选择。

（5）制定改革计划：包括确定具体的改革步骤、由谁组织、从哪个单位试点推行。

（6）实施变革：实施具体的变革计划。

（7）评论计划实施效果：检查、分析、评论变革的效果和存在的问题。

（8）信息反馈：对变革效果进行及时反馈，并根据反馈对原定改革方案和计划做修正。

（二）组织变革的过程

组织变革的整个过程可以分成 3 个阶段，这就是美国管理心理专家库尔特·勒温提出的三阶段理论（解冻—变革—再冻结）。其过程如下：

（1）解冻阶段。即变革前的心理准备阶段，中心任务是改变员工的观念与态度，动员其接受变革并参与其中，激励员工变革的积极性。在这一阶段，领导者应注意：领导者首先要明确变革的目的和目标，否则变革就是一种浪费。其次，领导者必须真实掌握变革的有利和不利条件，以便寻求变革的最优方案。再次，领导者应预先估计出变革的困难，并拟定好对策，以防出现混乱。

（2）变革阶段。这是变革中的行为转化阶段，把员工的改革热情转化为改革行为，关键措施是让员工参与变革，减少变革的阻力，使变革成为全体员工共同的事业。在变革阶段，领导者要坚持原则不动摇，遇到困难不退缩。当然变革出现偏差时要随机应变、及时纠正，有步骤、有控制地推进变革，保证变革步步稳妥、步步扎实。

（3）再冻结阶段。这是变革后的行为强化阶段。由于人们的传统习惯、价值观、心理特征等是在长期的社会生活中逐渐形成，并非一次变革所能彻底改变的，因此改革措施顺利实施后，还应采取种种手段不断强化新的行为方式和心理状态，否则稍遇挫折就会反复，使变革的成果无法巩固。领导者在变革后不但要巩固已取得的成果，还要总结成功经验，将成功经验转移到其他方面的变革中，从而加速整个组织变革的进程，提高成功的概率。

本 章 小 结

本章主要介绍了有关组织的基本问题，包括组织的概念、部门化、管理幅度、管理层次、集权与分权、正式组织与非正式组织、组织设计原则、组织设计程序等。另外，本章还介绍了直线制、职能制、直线职能制、事业部制、矩阵制、集团控股型和网络型组织的结构与特点。本章还主要学习了组织变革的含义；组织变革的影响因素；组织变革的动力与阻力；组织变革的过程。通过学习，了解导致组织变革的原因、变革的阻力以及克服变革阻力的措施。

复习思考题

1. 举例说明什么是组织。
2. 简述管理幅度与管理层次的关系。
3. 假如你是一名机构调整工作的负责人，在机构调整时你将遵循哪些基本的原则？
4. 简述事业部制组织结构的特点。
5. 简述直线制、直线职能制、矩阵制、网络型组织的特点。
6. 你愿意在职能型组织结构里工作还是在事业部性组织结构里工作？为什么？
7. 为什么要进行组织变革？怎样进行组织变革？

案例分析

厕所管理中的困惑

某日早上，某中型文具生产企业的行政部经理急匆匆地跑进总经理办公室，向总经理汇报说厕所的大便冲不干净，希望可以装配水箱加压装置。

总经理听后大怒："大便冲不干净都来找我？"行政部陈经理赶忙解释说："我已经多次和集团工程总监反映水压不够的问题，但工程总监坚持认为是使用厕所的人没有冲水，而不是新办公楼的水压问题，反而埋怨我们行政部没有做好卫生宣传工作。"

听后，总经理立刻委派助理到厕所进行实地"考察"，测试厕所的水压。下午，总经理助理向总经理汇报，8个厕所共32个坑位，其中有8个存在水压问题，主要集中在办公楼第4层。于是，总经理立刻责成行政部经理进行协调。

翌日，行政部经理将书面报告呈交给了总经理。根据集团工程总监的意见，由于加压泵将耗费10万元投资，于是他建议增加2名后勤人员专门负责厕所卫生。总经理考虑到人员成本的问题，没有批准报告，于是该问题被暂时搁置。

1个月后，由于董事长办公室的厕所进行维修，董事长在光临4楼厕所的时候不幸目睹了"惨相"。董事长大怒并立刻找到陈经理当面怒斥。陈经理听后委屈地解释说："1个月前，我已经将解决该问题的书面报告呈交总经理，但由于人员成本问题总经理没有批准。"

董事长困惑了：1个月的时间加三个部门共同努力，为什么厕所的冲水问题还没得到解决？1个月后问题依然没有得到解决，责任应该由谁来承担？如果连厕所的问题都解决不了，那公司的务实、求真、高效的管理方略何年才可以实现？

【问题】

（1）这件事的问题根源是什么？
（2）一件小事牵动管理几个层次，而且还没有解决，为什么？
（3）你有哪些好的建议，不妨提一提。

实 践 训 练

【实训项目】建立组织结构。
【实训目的】培养组织结构的初步设计能力。
【实训内容】设置公司组织机构。运用所学知识，根据所设定的模拟公司的目标与业务需要，研究设置所需的模拟公司组织机构，并画出组织结构框图。

（1）"公司"建立的是何种组织结构形式？

（2）"公司"设置哪些机构或部门？

（3）"公司"的基本业务流程是什么？

【实训组织】把本班学生分成若干小组，每组代表某一模拟的公司的组织机构。通过分析这个模拟公司的特点，结合本章所学知识，设计公司组织机构。

【实训考核】评比学生们设计的公司组织系统图。由教师与学生为各公司和学生评估打分。

第五章　领　　导

✎ 学习目标

1. 了解领导的含义。
2. 掌握领导权威的构成。
3. 掌握领导的影响方式。
4. 掌握人性假设理论和现代领导理论。
5. 了解领导的艺术。

第一节　领　导　概　述

一、领导的含义

不同的著作对领导有不同的解释，从管理学角度，我们把领导的含义概括如下：领导是领导者依靠影响力，指挥、带领、引导和鼓励被领导者或追随者，实现组织目标的活动和艺术。其基本含义包括以下 4 个方面：

（1）领导者必须拥有追随者，领导是领导者与被领导者的一种关系，如果没有被领导者，领导者将变成"光杆司令"，其领导关系也就不存在。

（2）领导是一种活动，是引导人们的行为过程，是领导者带领、引导和鼓励下属去完成工作、实现目标的过程。

（3）领导的基础是领导者的影响力。领导者拥有影响追随者的能力或力量，它们既包括由组织赋予的职位权力，也包括领导者个人所具有的影响力。一个领导者如果一味地行使职权而忽视社会和情绪因素的作用力，就会使被领导者产生逃避和反抗行为。当一个领导者的职位权威不足以说服下属从事适当的活动时，领导是无效的。

（4）领导的目的是为了实现组织的目标。不能为了领导而领导，不能为了体现领导的权威而领导。领导的根本目的在于通过影响力来影响下属，使其心甘情愿地努力达到组织的目标。

二、领导的作用

领导活动对组织具有决定性的影响，具体体现在以下 4 个方面：

（一）指挥作用

组织的领导就如同乐队的指挥，只有在领导的指挥下，组织中的每个人才能各司其职，共同实现组织的目标。所以要求领导者要头脑清醒、高瞻远瞩、运筹帷幄，帮助组织成员认清所处的环境和形势，指明活动的目标和达到目标的途径。领导就是引导、指挥、指导，领导者应该帮助组织成员最大限度地实现组织目标。

（二）激励作用

组织中的成员因为有不同的需求、欲望、个性，所以其个人目标与组织的目标可能是不一致的。领导的作用就是把组织目标和个人目标结合起来，引导组织成员满腔热情、全力以赴地为实现组织目标而贡献自己的全部能量。这就需要领导采用关心、尊重员工、物质奖励等各种措施，来调动组织中全体成员的工作斗志和热情，充分发掘员工的潜力，不断增强人们积极进取、奋发努力的工作动力。国外一项研究表明：管理工作中的预测、决策、计划、从事、控制等职能，可以引发组织人员 60%的才智，而领导和领导工作则可以引发其余 40%的才智。

（三）协调作用

在组织实现其既定目标的过程中，人与人之间、部门与部门之间发生各种矛盾冲突及在行动上出现偏离目标的情况都是不可避免的。领导者的重要任务就是协调各方面的关系和活动，保证各个方面都朝着既定的目标前进。

（四）沟通作用

领导者是组织的对外联络官，在信息的传递方面发挥着重要作用。他要在与上层管理者、组织中的各部门、客户、供应商等的沟通中扮演信息传递者、监听者、发言人和谈判者的角色。只有沟通、交流的顺畅，才能保证管理活动顺利进行。

小故事

鹦 鹉

一个人去买鹦鹉，看到一只鹦鹉前标着：此鹦鹉会两门语言，售价 200 元。另一只鹦鹉前则标着：此鹦鹉会 4 门语言，售价 400 元。该买哪只呢？两只都毛色光鲜，非常灵活可爱。这人转啊转，拿不定主意。突然他发现一只老掉了牙的鹦鹉，毛色暗淡散乱，标价 800 元。这人赶紧将老板叫来问道："这只鹦鹉是不是会说 8 门语言？"店主说："不。"这人奇怪了："那为什么又老又丑，又没有能力，会值这个数呢？"店主回答："因为另外两只鹦鹉叫这只鹦鹉为 CEO。"

三、领导权威的构成

领导权威或者称为领导的影响力是指领导者在与其下属交往中，影响和改变其下属的心理和行为的能力。领导的权威主要来自于其职权，但领导行为的有效性还受到领导者在下属中的威信的重要影响。职权是处于某一职位上的权力，威信是权力的高层次的表现。具体来说，领导者的影响力或权威可分为以下 5 种。

（1）法定权。是由组织机构方式授予领导者在组织中的职位所引起的，指挥他人并促使他人服从的权力。组织方式授予领导者一定的职位，从而使领导者占据权势地位和支配地位，使其有权力对下属发号施令。法定权力是领导者职权大小的标志，是领导者的地位或在权力阶层中的角色所赋予的，是其他各种权力运用的基础。

（2）强制权，又叫惩罚权。是领导者在具有法定权的基础上，强行要求下级执行的一种现实的用权行为，是和惩罚相联系的迫使他人服从的力量。惩罚包括经济处罚、批评、降职，甚至解雇。强制权是一种负面强化手段，对一些心怀不满的下属来说，他们不会心悦诚服地服从领导者的指示，这时领导者就要用惩罚权迫使其服从。

（3）奖励权。是一种建立在良好心理之上的权力，在下属完成一定的任务时给予相应的奖励，以鼓励下属的积极性。奖励包括物质奖励和精神奖励两方面。借助物质或精神奖励的方式，以达到使被刺激者得到心理精神及物质方面的满足，从而激发出前进的动力。领导者是通过心理或经济上的奖励来换取下属的遵从。

（4）专长权。是指领导者具有各种专门的知识和特殊的技能或学识渊博而获得同事及下属的尊重和佩服，从而在各项工作中显示出在学术上或专长上的一言九鼎的影响力。领导者如果学识渊博，尤其是拥有组织活动所必备的专业技能，必然使被领导者对其产生一种钦佩力，这种信服力、信任力、钦佩力综合起来，共同构成领导者的专长权。

（5）感召权。是指由领导者优良的领导作风、思想水平、品德修养，而在组织成员中树立的德高望重的影响力。这种影响力是通过对被领导者潜移默化的作用而变成驱动力的。因为领导者赢得了被领导者发自内心的拥戴，因此会激起被领导者长时间的忠诚和热忱。

在上述5种权力中，法定权、强制权和奖励权是由上级组织赋予并由法律、制度等明文规定的方式权力，属于职位性影响力。专长权和感召权是由个人才干和素养等决定的，属于非职位性影响力。想成为一个有效的领导者，仅有职位性影响力是远远不够的，还应具有非职位性影响力。

四、领导的影响方式

在领导活动中，领导者运用权力对被领导者施加影响，促使其心理和行为按照领导者的预期而发生改变。根据领导者权威构成的性质不同，影响方式也分为两类：外在影响和内在影响。

（一）外在影响

外在影响是以职位性影响力为基础，主要是采取强制、命令等方式发生作用，对被领导者来说，外在影响带有强迫性和不可违抗性。因此被领导者的心理和行为表现为消极、被动地服从。外在影响的作用方式主要有以下3种：

（1）传统观念。在长期的社会生活中，人们对领导者已经形成了固定的观念，认为组织中地位高的人就是权威，享有当然的支配权，而职位低的人理应服从职位高的人。在企业管理中，这一传统观念可以使职工对领导者产生敬畏感，自动听从指挥命令，从而有助于增强领导者影响的程度。

（2）职位因素。由于领导者可以凭借组织授予的职权来左右被领导者的利益和前途，从而使被领导者对领导者产生畏惧感。领导者职位越高，权力越大，下属对他的敬畏感越甚，领导者的影响力也越大。

（3）利益因素。在企业中，领导者可以运用奖励职权使职工的利益要求得到不同程度的满足。正是职工对利益的需要，使领导者的影响力得以发挥。

外在影响会随着领导者担任管理职务而产生，当领导者失去管理职位时，这种影响将大大削弱甚至消失。

（二）内在影响

内在影响是建立在非职位影响力基础上的，主要依靠领导者良好的素质和行为来吸引感化被领导者，通过激发员工内在的动力，对员工心理和行为发生影响。内在影响不带有强制性和压迫性，而是以潜移默化、自然渐进的方式发生作用。具体的影响方式有以下两种：

（1）理性崇拜。因领导者个人的品质、能力、知识、专长、个人魅力、个性特征等因素在企业中赢得威信和声望，从而引发被领导者的尊敬、敬佩乃至崇拜，而自愿地追随，接受其领导。在这种影响方式下，领导者无须发布指示命令，即可达到影响的目的，而且因为此影响力深入被领导者内心，所以影响更持久、更强大。

（2）感情因素。感情是人的一种心理现象，如果人与人之间建立了良好的感情关系，便能产生强大的影响力。在企业中，当职工感到来自领导者的关心、尊重时，就会产生亲切感，因而从感情上自愿接受其领导。

内在影响是由领导者自身的素质与行为造成的，而非职权影响力带来。因而无论领导是否从事管理工作，都会对人们产生较大的影响。由于这种影响来源于下属的自愿服从，有时会比职权显得更有力量。

由此可见，内在影响和外在影响有着完全不同的权威基础和作用方式，因而影响效果也不尽相同。在领导的影响方式中，具有决定意义的是外在影响，而内在影响的加强可以弥补外在影响的欠缺和不足，甚至在某些特定情境下，内在影响可以替代外在影响。因此，明智的企业领导者应特别注意发挥内在影响的作用，通过内外影响的合理结合，提高领导的影响力。

【案例 5.1】

李经理的新政（一）

李经理是上海某集团公司总公司的生产部经理，在公司工作多年，凭借其卓越的管理能力和技术能力，领导有方，连年提升公司生产效率，李经理和他的团队也多次被公司评为"先进个人"、"先进集体"、"生产排头兵"等荣誉。2015 年年初，集团领导考虑其子公司 A 公司业绩一直低迷，尤其生产效率裹足不前，严重影响集团整体效益，因此决定，将李经理调往 A 公司主抓生产，并对其寄予厚望。

李经理上任不久便发现，A 公司之所以生产能力低下，原因之一就是员工努力程度不足，而其中公司针对生产部员工的一些不近人情的规定是重要诱因之一，极大影响了公司员工的生产积极性。因而他决定从公司规章制度下手进行改革。李经理发现，公司有一条规定：员工迟到一律扣除当月奖金的 20%，第二次迟到则扣除 50%，第三次迟到则扣除当月全部奖金。李经理认为：上海交通拥堵，职工散布在各地，他们没有能力购买私家车，多要挤地铁和公交，而有的要换 2~3 次车才能到公司，即便提前很早出门，但也极易因为不可预测的交通状况而迟到；尤其产线上很多已婚已育的女工，家务事烦琐，从人性化考虑，其迟到也并非个人故意，实在情有可原。因此在第一次员工大会上，李经理宣布：取消迟到扣除奖金的规定，允许员工每月有三次迟到 15 分钟以内的机会。这一决定立即得到了全公司职工的热烈拥护。但为了严明公司纪律，要对早退现象做出严肃处理，一旦发现有员工提早吃饭、提早在刷卡区等待下班刷卡的，发现一次就扣除全部奖金。

【问题】

上述案例中，李经理发挥了何种领导作用？实施了何种领导权威？可以预计，李经理的新政会产生何种影响？

第二节　领　导　理　论

一、人性假设理论

领导者想要有效地影响个人和组织，必须首先了解人，了解人的本性和人的行为模式，在此基础上再实施正确的领导才能达到组织的目标。人性的假设理论就是来探讨人的各种本性的理论。

（一）"经济人"假设

最早提出"经济人"假设的，是英国古典经济学家亚当·斯密。他认为，在自由经济制度中，经济活动的主体是体现人类利己主义本性的个人。每个人都在不断地追求经济收入，工人是追求高工资的经济人，因此可以通过经济刺激促使人们努力工作。美国心理学家麦格雷戈将"经济人"假设归纳为 X 理论。其主要内容如下：

（1）多数人生来就懒惰，总想少工作。

（2）多数人没有工作责任心，宁可被别人指挥。

（3）多数人缺乏理性，容易受外界和他人的影响。

（4）多数人以自我为中心，不关心组织目标。

基于以上特点，管理者必须采取"权威与服从"的管理方式，忽视人的自身特征和精神需要，只满足他们的心理需要和安全需要，把金钱作为主要的激励手段，把惩罚作为有效的管理方式，采用软硬兼施的管理办法。

（二）"社会人"假设

"社会人"假设是由人际关系理论的倡导者梅奥等人依据霍桑实验的材料提出来的。这种假设认为，人的行为动机不只是追求金钱，工人有强烈的社交需求。如果工人在企业、家庭、社会中与他人关系不协调，其工作情结就会受影响。因此，管理者要调动员工的工作积极性，不仅仅靠物质利益更重要的是要考虑工作中员工的社会心理需要的满足程度。管理者应重视工人在社交方面的需要，重视人际关系的协调，鼓励员工参与管理等。

（三）"自我实现人"假设

随着行为科学的盛行和马斯洛需要层次论的提出，又出现了"自我实现人"假设。该假设认为，人除了有社交需要外，还有想充分发挥其能力和价值的需要。麦格雷戈把这种假设的内容称为 Y 理论，其主要内容包括：

（1）工作和娱乐一样，都是人的活动，人是否喜欢工作要看工作条件如何。

（2）人不仅会接受责任，而且会主动要求责任。

（3）人能够自我控制和自我指导。

（4）个体目标与组织目标没有根本冲突，若有冲突，个体会自觉地把个体目标与组织目标统一起来。

这种理论要求管理者重视人的自身特点，把责任最大限度地交给下属，相信他们能自觉地完成任务。外部控制、操作、说服、奖罚不是促使他们努力工作的唯一办法，应该采用启发、诱导、信任的方式对待每一位工作人员。Y 理论强调人的主观因素，注意发挥人的主观能动性。这一理论在西方很流行，在管理中的应用也很广泛，出现了"目标管理"、"参与管理"等管理方式。

（四）"复杂人"假设

尽管"自我实现人"比"社会人"、"经济人"更切合这个时代，但是人有着复杂的动机，不能简单地进行归类；而且也不宜把所有的人都归为一类型。因此，20 世纪 70 年代美国科学家德加·沙因提出了"复杂人"假设。这种假设认为：人的需要是多种多样的，同一人在同一时间内也会有多种需要，并且会随着生活条件和环境的变化而不断产生新的需要，因此没有一套适合任何情况、任何人的普遍有效的管理方式。根据这种假设，对不同的人和不同的情况，领导者应采取不同的管理方式。

二、现代领导理论

现代研究有关领导问题的理论，大致可归纳为三大类：领导特质理论、领导行为理论和领导权变理论。

（一）领导特质理论

20世纪二三十年代有关领导的研究主要关注于领导的特质，也就是那些能把领导者和非领导者区分开的个性特点。人们对各种各样的特质进行研究，如体型、外貌、社会阶层、情绪稳定性、说话流畅性、社会交往能力等。但结果表明不可能存在把领导者和非领导者区别开来的一套特质。事实上，领导者的特征和品质并非是天生的，而是在实践中逐渐形成的，是可以通过教育和培训而造就的。但特质理论并非没有用处，一些研究表明，个人品质与领导力之间确实存在着某种相互联系，具体如下：

（1）内在驱动力。领导者非常努力，有着较高的成就愿望，他们进取心强，精力充沛，对自己所从事的活动坚持不懈、永不放弃，并有高度的主动性。

（2）领导愿望。领导者有强烈的愿望去影响和统率别人，他们乐于承担责任。

（3）诚实与正直。领导者通过真诚无欺和言行一致在他们与下属之间建立相互信赖的关系。

（4）自信。下属觉得领导者从没有怀疑过自己。为了让下属相信自己的目标和决策的正确性，管理者必须表现出高度的自信。

（5）智慧。领导者需要具备足够的智慧来收集、整理和解释大量信息，并能够确立目标、解决问题和做出正确决策。

（6）工作相关知识。有效的领导者对有关企业、行业和技术的知识十分熟悉，广博的知识能够使他们做出睿智的决策，并能认识到这些决策的意义。

美国管理学家吉塞利在《管理才能探索》一书中就领导者个人品质对有效领导的重要性进行了研究。他认为领导者的智力极高或极低都会削弱领导的效果，领导者的智力水平与下属不应过分悬殊。其结果如图5-1所示。

重要性	个人特质
非常重要	指挥别人的权力需要 督察能力 事业成就感 才智 自我实现 自信心 决断能力
中等重要	首创精神 对工作稳定的需要 适应性 对金钱奖励的需要 成熟程度
最不重要	性别（男性或女性）

图 5-1　吉塞利的个性研究结果

（二）领导行为理论

从20世纪40年代末至60年代中叶，有关领导的研究集中在探讨领导者偏好的行为风格上，研究者试图从工作行为的特点来说明领导的有效性，从而产生了领导行为理论。

1. 领导作风理论

领导作风也称领导风格，是领导在实施其职能进程中所表现出的特点和倾向。该理论把领导者在领导过程中表现出来的极端的领导作风分为以下3种类型：

（1）专制型领导作风。这是一种由管理者个人决定一切，采用命令方式告知下属使用什么样的工作方法，并对员工实行严格监督控制的领导行为方式。这种领导行为独断专行，依靠强权迫使下属被动地执行，下属没有选择和发挥的自由，是一种"管、卡、压"式的简单领导方式。这种领导的权力完全来自于职位，没有权威而言。

（2）民主型领导作风。这种作风的领导者讲求民主，在决策前与下属员工民主协商，并广泛采纳各方意见，在布置任务时以协商态度面对下属，在执行时给下属以充分的自由发挥空间，鼓励员工参与有关工作方法与工作目标的决策。

（3）放任型领导作风。这种领导方式是管理者把一切权力下放给下属，对决策和实施放任不管，对下属既没有指导，又没有约束。领导没有权威亦没有责任心。

研究表明，民主型领导风格更有利于良好的工作质量和工作数量。这种风格能够最大限度地调动下属的积极性和主动性，使上下级关系融洽，增强广大员工的凝聚力。但必须指出，在实际工作中，很少有领导完全表现出某一种风格特征，往往是介于 3 种之间的，表现为混合型风格，如家长式风格、多数裁定风格和下级自决风格，如图 5-2 所示。

2. 四分图理论

领导行为的四分图是 1945 年美国俄亥俄州大学的学者们提出的。他们将领导行为的内容归纳为两个方面，即创立结构和关怀体谅。创立结构是指领导者规定他与领导群体的关系，建立明确的组织模式、意见交流渠道和工作程序的行为；而关怀体谅是指建立领导者与被领导者之间的友谊、尊重、信任关系方面的行为。

以创立结构与关怀体谅作为两个坐标轴建立平面坐标系，如图 5-3 所示，用四个象限来表示四种类型的领导行为：高结构与高关系，低结构与低关怀，高结构与低关怀和低结构与高关怀。

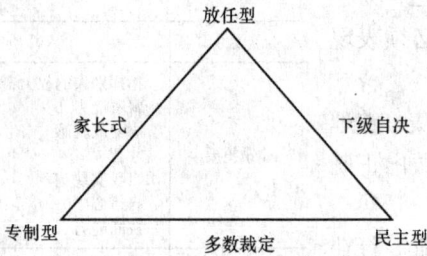

图 5-2　领导风格理论剖视图　　　　　　　　图 5-3　领导行为四分图

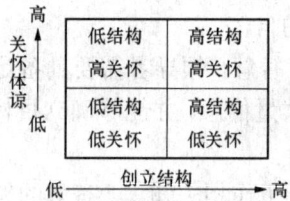

研究发现，一个在创立结构和关怀体谅方面均高的领导者，常常比其他三种类型的领导者更能得到下属的高满意，更能达到高绩效。低关怀与高结构往往带来更多的旷工、怨言和辞职。

3. 管理方格理论

管理方格理论是 1964 年由美国管理学者罗伯特·布莱克和简·莫顿研究提出的。他们以企业为例，研究组织的 5 种领导风格。他们用纵坐标表示"对人的关心"，横坐标表示"对生产的关心"，并将两个坐标轴划分为 9 等份，于是便形成了 81 种领导方式的"9·9 图"。因此，管理方格图适应性很强，准确也很高，如图 5-4 所示。

图 5-4　管理方格理论

每个格都代表领导对人和对工作的关心的不同组合，以下 5 种为典型风格。

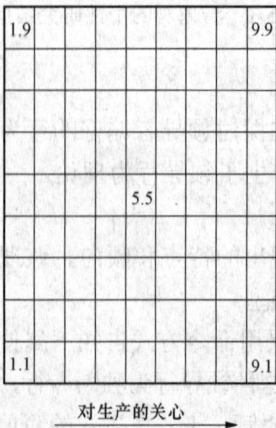

（1）贫型管理（1.1）。领导者对人与工作皆不关心，放任自流，既对工作完成不利，又不能处理好与下属的关系，这是一种放任型的管理方式。

（2）专制型管理（1.9）。领导者非常关心生产，但不关心下属，不利于调动下属的积极性，进而影响工作效率。

（3）俱乐部型管理（1.9）。领导只关心下属，而不关注工作本身，尽管营造出宽松的环境及和谐的人际关系，但极少考虑如何协调下属努力去达到企业的目标。

（4）团队型管理（9.9）。领导者高度关心生产，同时也高度关心人。该管理是把组织目标的实现与满足职工需要放在同等重要位置。领导者通过调动每个员工的工作积极性，团结他们自觉自愿地为实现组织目标而团结协作。

（5）中间型管理（5.5）。领导者对工作和人都同样程度的关心，他在完成工作任务和维持一定的团队士气中寻求平衡。

在5种典型风格中，研究者得出结论，既要关心人，也要关心工作，忽视任何一方都会影响组织目标的有效实现；要根据不同环境和条件而有所侧重。因此，团队型管理是领导者应追求的终极目标；中间型管理是合格领导的基本要求，而大多数领导都处于中间的各种混合型领导方式。

（三）领导权变理论

领导权变理论集中研究特定环境中最有效的领导方式和领导行为。领导特质理论无法用个人的特质来区分领导者和非领导者。领导行为理论忽略了被领导者的特性和环境因素，而孤立地研究领导者的行为。为了克服这些理论的缺陷，人们开始接受权变领导理论。该理论认为，在不同的情况下需要不同的素质和行为，才能达到有效的领导。

1. 菲德勒权变理论

美国管理学家弗雷德·菲德勒认为，领导工作是一个过程，在这个工作过程中，领导者施加影响的能力取决于群体的工作环境、领导者的风格和个性，以及领导方法对群体的适合程度。按照菲德勒的理论，人们之所以成为领导者，不仅仅是由于他的个性特征，而且还由于各种环境因素及领导与环境之间的相互作用。菲德勒提出，对一个领导者的工作最有影响的3个基本方面是职位权力、任务结构和上下级关系。

（1）职位权力。职位权力指的是与领导人职位相关联的正式职权，以及领导者从上级和整个组织各方面所取得的支持程度。这一职位权力是由领导者对下属的实有权力所决定的。当领导者拥有一定的明确的职位权力时，则更容易使下属成员遵从他的指挥和领导。

（2）任务的结构性。任务的结构是指任务的明确程度和人们对这些任务的负责程度。当任务明确，个人对任务负责时，领导者对工作质量更易于控制，群众成员也有可能比在任务含混不清的情况下更明确地担负起他们的工作职责。

（3）上下级关系。菲德勒认为，与下级关系如何对领导者是非常重的。因为职位权力与任务结构大多可以置于组织的控制下，而上下级关系可影响下级对这位领导者的信任和爱戴，从而使下级乐于追随该领导共同工作。菲德勒根据这些情境因素，把领导者所处的环境从最有利到最不利分为8种类型、3种状态，如图5-5所示。

情景类型	1	2	3	4	5	6	7	8
职位权利	强	弱	强	弱	强	弱	强	弱
任务结构	明确		不明确		明确		不明确	
上下级关系	好				差			
环境有利性	有利				一般		差	
有效领导方式	任务型				关系型		任务型	

图 5-5　菲德勒权变领导理论模型

菲德勒认为，对于各种领导情景而言，只要领导风格能与之适应，都能取得良好的领导效果。在对领导者最有利和最不利的情况下，采用以工作作为中心的领导方式（即任务型），效果较好；在对领导者中等有利的情况下，采用以人为中心的领导方式（即关系型），效果较好。另外，领导行为与领导者的个性是相联系的，所以领导者的风格是相对稳定的。要提高领导的有效性，只有两条途径：替换领导者以适应环境，或改变环境以适应领导者。

2. 领导生命周期理论

领导生命周期理论是由卡曼（A.K.Karman）于 1996 年首先提出的，后由保罗·赫西（Paul Hersey）和肯尼斯·布兰查德（Kenneth Blanchard）进一步予以发展。该理论同样认为关心人和关心工作决定领导风格，但是，他们又提出第三个影响因素，即被管理者的成熟程度。他们把被管理按成熟程度分为 4 个阶段，即很成熟、比较成熟、初步成熟和不成熟。面对不同成熟度的被管理者，领导风格要作相应的调整，用最适合的风格去领导下属，如图 5-6 所示。

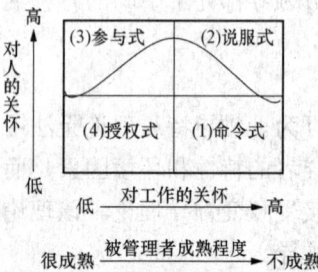

图 5-6 领导生命周期理论

工作行为是指领导和下属完成任务而形成的交往形式，代表领导者对下属完成任务的关注程度。关系行为是指领导者给下属以帮助和支持的程度。成熟度是指人们对自己的行为承担责任的能力和意愿的大小，它包括两个因素：工作成熟度和心理成熟度。工作行为和关系行为组合形成 4 种情况，对应着 4 种领导方式：高工作低关系——命令式；高工作高关系——说服式；低工作高关系——参与式；低工作低关系——授权式。

领导生命周期理论认为，随着下属从不成熟走向成熟，领导者不仅可以逐渐减少对工作的控制，而且还可以逐渐减少关系行为，领导者相应地改变自己的领导方式。

3. 路径-目标理论

该理论由罗伯特·豪斯开发。这种权变的领导理论提出：领导者的工作是帮助下属达到他们的目标。领导者要提供必要的指导和支持，确保下属各自的目标与群体或组织的总体目标保持一致。简言之，领导者应指明达成目标的途径。

根据领导者指导下属的方式与程度的不同，豪斯提出了 4 种领导行为：

（1）指示型领导行为。让下属知道对他的期望是什么，以及完成工作的时间安排，并对如何完成任务给予具体指令（此方式类似于主导型结构和任务导向型行为）。

（2）支持型领导行为。与下属十分友善，表现出对下属各种需要的关怀（此方式类似于关心型及关系导向型行为）。

（3）参与型领导行为。与下属共同磋商，并在决策之前充分考虑他们的建议。

（4）成就导向型领导行为。提出富有挑战性的目标，并期望下属实现自己的最佳水平。

路径-目标理论的模型如图 5-7 所示。

路径-目标理论提出领导方式要适应情景因

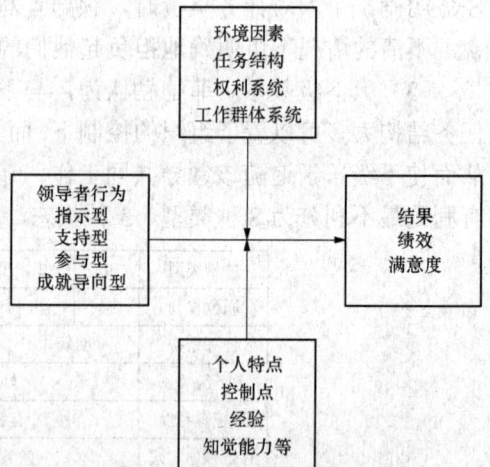

图 5-7 路经-目标理论模型

素，该理论提出了两大类情景：其一是下属可控范围之外的环境，包括任务结构、方式权利系统、工作群众等因素；其二是下属个人特点中的一部分内容，包括控制点、过去经验、知觉能力等。如图 5-7 所示，要使下属的产出最大化，环境因素决定了需要什么样的领导行为类型，下属的个人特点决定了个体对于环境和领导者行为如何去解释。研究证明：当领导者可以弥补员工或工作环境方面的不足时，会对员工的工作绩效和满意度产生积极的影响。但是，如果任务本身已经十分明确或员工已经具备能力和经验处理它们时，领导者还要花时间进行解释和说明，则下属会把这种指示性行为视为累赘多余甚至是侵犯。

三、领导与管理

通常，人们都习惯把管理和领导当作同义语来用，似乎管理者就是领导者，领导过程就是管理过程。而实际上，管理者和领导者是两个不同的概念，二者既有联系又有区别。传统的管理理论中，领导是管理的四大基本活动（计划、组织、领导、控制）之一，但是，随着管理科学的发展，领导越来越被作为一个独立的活动被研究和应用。管理和领导在类似的活动中有着不同的侧重点。

管理通常是整合各种资源借助各种手段来达到既定的目标，管理注重做事，把事情做得既有效果又有效率，也就是我们常说的又快又好。管理比较注意细节，注意手段，注意技术的应用。

相对应的是，领导通常关注意义和价值，关注所要达到的目标是否正确，是否值得。领导关注人的尊严、人的价值、人的潜能、人的激励和发展。如果说管理侧重技术和手段、侧重过程和方法，那么领导侧重人文和目的，侧重结果和艺术。

当然二者间还存在一些重要的区别。比如，管理是刚性的，领导则是柔性的；管理是共性的，领导则是个性的；管理是重制度的，领导则是重德治的；管理是重权力作用的，而领导是重魅力作用的、重影响力的。

【案例 5.2】

李经理的新政（二）

李经理上任之初的改革新规就这样在公司开始实行，可喜的是，员工并没有因为取消迟到惩罚就随意迟到，公司的迟到率反而有所降低。但也有让李经理不悦之处，因为即便对早退做了严格的规定，但公司管理人员仍发现了 4 次提早吃饭的现象，并按规定给予了相应处罚。

李经理很是不解，一天他叫来一个因提早吃饭而被处罚的员工了解情况，员工态度极度冷漠，说，你自己去食堂看一下就好了，不要问我。李经理不免困惑，当天中午就带着管理人员一同来到员工食堂。因为考虑公司成本，A 公司同其兄弟公司 B 公司共用一个食堂。李经理到食堂时发现：此时近百个员工挤在狭小的食堂内，手里拿着饭盒，排着队等着打饭。A 公司和 B 公司一共近 300 名员工，仅有 3 个打饭窗口，李经理看了一下时间，现在是 11:40，这样算下来，最后几个人预计要半个小时之后才能吃到饭。公司规定中午休息时间 1 个小时，这样显然很紧张，根本来不及休息。而且更加显而易见的是，最后一批人吃到饭时，饭肯定已经凉掉了，其质量和口味也必然大打折扣。

一瞬间李经理产生了疑问：看来自己制定规则时有欠考量，有失偏颇。可接下来李经理犯了难：刚刚发布不足一个月的新规如果撤销，经理的权威无疑会受到打击；如果不撤销，势必会影响员工积极性，失去改革的意义。怎么办？

【问题】

（1）请用本节相关理论解释李经理的领导行为。

（2）如果你是李经理，你觉得接下来李经理应该怎样做？

第三节 领导者的修养与领导艺术

一、领导者的修养

领导者的修养是一个企业领导者通过后天的学习锻炼而具备管理方面的素质。企业领导者如果不具备基本修养，就不可能产生好的领导方法和领导艺术，即使有了好的领导方法和领导艺术，被领导者对领导者也缺乏信任，缺少感情，工作也不会达到理想的效果。因此，具备领导者修养是一个企业领导者做好领导工作的前提条件和基础。作为一个组织领导者要具备以下 10 个方面的修养。

（一）信念坚定

领导者应有坚定的信念，这样领导者在大是大非、重大政治原则问题上才能立场坚定，旗帜鲜明，方向明确；才能给被领导者以信心、坚毅、靠得住的感觉。如果领导者自己信念不坚定，立场经常发生动摇，大是大非面前左右摇摆，既看不清方向又指不出道路，被领导者就会对其领导缺乏信心。

（二）坚持原则

一个原则性很强的领导者，会给被领导者以信任的感觉。他知道在你面前想投机、通融是不可能的，因此他感觉不该办、不能办的事找你也没用。所以，他知道自己办不了办不到的事别人谁也别想办，他就对你自然产生一种信任感。久而久之，就会形成该办的事不管是谁都能办，不该办的事谁也办不了。这就产生了一种信任。反之，如果领导者不讲原则，对熟人、亲人、朋友、领导、能磨的、能泡的、能缠的、能打的、能闹的等办了不该办的事，放弃了原则，就丢掉被领导者对你的信任，就会被认为你说不能办是在欺骗他，你说能办他也认为你在欺骗他。

（三）善于学习、积累生活知识

领导者的理论功底来源于自身的善于学习，同时也来源于平时工作中不断的积累。善于学习就能够把大道理讲清楚，善于积累就能够把小道理说明白，两者缺一不可。只讲大道理会陷于空谈，只讲小道理有很多问题难以说清楚，只有两者兼备才能让被领导者感觉你说得对。所以说，领导者不仅是理论家，而且要成为社会生活的杂家。

（四）公道、正派

《淮南子》中有一句话："公正无私，一言而万民齐。"一个领导者最关键的就是要公正无私，如果被人怀疑你在徇私，那么你的魅力定会衰退，你讲的话也不会为人所信。所以，按照《淮南子》所讲的，领导者应该公道、正派，秉公办事，有强烈的事业心、责任感，有一心为工作的强烈欲望，不谋私利，一心为公地办事，被领导者就会有一种诚信感。如果领导者利欲熏心，名誉、地位至上，搞个人主义、自由主义、小团体主义，拉帮结伙，搞非组织活动，玩弄阴谋权术，就必然被人们看成是一个不真诚的人，根本就谈不上什么领导艺术和领导方法。

（五）以身作则

领导者以身作则，严以律己，言行一致，表里如一，让别人做到的事情自己首先做到，让别人不做的事情自己坚决不做，这是让被领导者心服口服的重要条件，这是一种无声的命令。如果你上边讲廉政下边搞腐败、上边讲纪律下边搞自由，再好的领导方法和领导艺术也无济于事。

（六）敢于承担责任

领导者敢于承担责任，不揽功推过，勇于开展批评与自我批评，不文过饰非，是一个领导者高风亮节，有领导气度的表现。

（七）善于沟通和交流

领导者要善于与下级沟通和学会与下级交流，这是一项基本功。我们每个人都是有血有肉有情的社会人，领导者要对自己的下属有真情、有热情、有激情。要真心实意地为员工办事，真心实意地为员工谋利益，真心实意地关心自己的下属。要热情地帮助他们的工作、生活，关心他们的成长和进步，帮助他们解决生活和工作的实际困难。在与他们的交往中有激情、动真情，这是沟通的前提。如果一个领导者是冷冰冰的人，死板板的、僵硬硬的人，不管你是表扬和批评都和被领导者之间隔一层膜，不会有深层的交流，你得不到真实情况和真心拥护，你也就不会有真心的朋友和成就。

（八）辩证思维

领导者和被领导者、管理者和被管理者本身就是一个对立统一的整体，失掉一方，另一方就不存在。所以，作为领导者，在认清矛盾以后，就要用平和的心态、辩证的思维、灵活的方法，主动地去迎接矛盾、解决矛盾。只有这样，领导者的领导和指示、命令、决策才能在更大的范围内、更深的层次上得以实现。用哲学的方法研究领导方法和领导艺术是重要的基本功。

（九）多角思维

多角思维是一种领导方法，也是一种思维方式，更是领导者的一个基本功。这看起来很容易，人人都理解，但做起来，特别是作为一种纯熟的基本功就很难了。当你安排一项工作或一个人的时候，是否能把客观条件、客观环境、困难、有利因素、主观条件，包括能力、素质、特点、特长，以及周围环境、氛围、帮助、阻力等都想到？当你要处分一个人时，是否把政策、法规、纪律及领导怎么看、群众怎么看、当事人怎么看、家属怎么看等等，都研究一番？最终形成的结果能否达到最佳？你的指令能否真正畅通无阻？所有这些问题，都要有所考虑，才能达到最终目的。

（十）创新精神

21世纪是一个追求管理创新的时代，各种新的管理思想、管理方法层出不穷。仅靠过去的经验、传统的管理方法来领导组织是远远不够的。因此，每一个领导者都要从实际出发，创造性的学习、创造性的思考、创造性的应用，不断用新的思路、新的方法、新的艺术去指导和领导你的下级。

二、领导艺术

现代社会中的组织，常常是一个多种因素组成的比较复杂的社会性组织。它不可能脱离整个社会。因此，在组织中对领导者的领导方法提出了更高的要求，同时也决定了领导者的工作在很大程度上是创造性的。领导艺术就是富有创造性的领导方法的体现。在履行领导职能的过程中，科学是与艺术相互结合、彼此交织在一起的。领导者要具备灵活运用各种领导方法和原则的能力与技巧，才能率领和引导广大员工克服前进道路上的障碍，顺利实现预定的目标。

领导艺术的内容，目前尚无统一的看法，归纳起来，大体上有 3 种：一是把其视为履行职能的艺术，主要包括沟通、激励和具体指导的艺术；二是决策艺术、授权艺术、用人艺术等；三是把它视为提高领导工作有效性的艺术。除了上述内容外，还包括正确安排自己的工作和时间，处理好各方面的关系，以及吸引员工参与管理等。

（一）授权艺术

领导者在进行授权时，要选择合理的授权方式：依据授权留责、视能授权、明确责权任务的目标、适度授权、适度的监督控制、防止放任自流或过细的工作检查、逐级授权及防止反向授权等原则。

具体来讲就是要根据实现组织目标的整体要求及各个部门、各人员职能、任务，科学合理地分配权力，使各个层次都拥有完成任务或目标所必需的足够的权力；上级不要越级指挥，不要干预下级职权范围内的工作，上级不能运用最终控制权来剥夺下级的职权；要通过科学、明确的制度规范体系来保证权力的配置；建立明确的权责制度，将权限明晰化，真正落到实处。下级拥有了完成任务的权力，就能按照自己的意图独立自主地进行工作，就会得到一种信任感和满意感，从而充分调动和发挥下级人员的积极性、主动性和创造性，并有利于培养和锻炼下级，不断地提高下级的管理能力和综合素质。同时使领导者从日常事务中超脱出来，集中处理重要的决策问题，最终促进组织目标的更好实现。

（二）决策艺术

在非程序化（或非常规化）的决策过程中，领导者的主观决策技能起着重要的作用。领导者在一定经验的基础上，对未来事件的判断具有远见和洞察力，主要表现在及早察觉组织发展中的有利及不利条件，依靠自己的周密考虑和集中群众的正确意见，做出既有事实根据又先于别人想到的不寻常的战略决策，促使组织取得重大的成就与改进。

（三）用人艺术

"贤主劳于求贤，而逸于治事。"这句话出自《吕氏春秋》，是指英明的君主一般都要花很多时间去寻找贤才，而不会浪费太多的时间在一些小事上。如果你花很多时间用于管理事务，而不去设法寻求贤才，那就是本末倒置的做法。例如，刘玄德三顾茅庐，终于得到诸葛孔明辅佐，孔明上任之后，整个蜀军的面貌焕然一新。因此，求得一贤能够比得上领导者的亲治。具体用什么样的人才，有四项基本原则：第一，亦师亦友。最理想的状态就是能够任用亦师亦友之人，不但能够帮你建功立业，还能从他身上学到知识，而且双方又能彼此平等对话。刘备用诸葛亮便是亦师亦友的方式。第二，水至清则无鱼。既然要用人，就要容忍对方的一些瑕疵，人无完人，对任何事物都不要从最理想的角度去看。如果某位下属已经是 80 分了，你还不满意，那就是苛求。应该让他人来弥补这位下属的 20 分，只有这样，才能发挥团队合作的最大效益。第三，适才适所。应该把人才放在适合他的位置上，充分发挥其强项，体现出此人最大的价值。第四，用人不疑。常言道：用人不疑，疑人不用。其实这有些太过理想化了，在现实中不一定如此。用人也应该疑，但不是怀疑他的人格，而是要注意他到底有没有这项能力，所以要不断地对其进行检验。

（四）指挥和激励的艺术

这主要是指在实践中树立和维护必要的权威，使员工自觉地团结在领导者的周围，并接受其指挥；在管理过程中尤其在本职能中，善于运用各种通信手段进行沟通，认真听取下属和他们实践的信息，及时对所属人员进行必要的教育或发布必要的指令；指令的内容力求切合实际，详略深浅适度，方法和形式能为有关人员所理解和乐于接受；根据加强思想政治工作教育和物质利益原则的精神，使组织中的工作和奖励制度、方法能适应广大职工多种多样的、经常变化的需要，进而起到维护纪律、鼓舞士气、充分挖掘潜力、克服各种困难的作用。

（五）集中精力抓主要环节的艺术

在组织各项生产、工作的任务中，找出对实现组织目标具有重要作用的某项工作或某个环节；在突出重点的基础上统筹全局，正确决定每个时期及阶段的工作秩序，科学地分配自己的时间和组织资源，并把这种决定坚持贯彻下去。

（六）领导变革的艺术

组织在发展过程中不断革新技术，改进管理，必然引起人们的思想认识和组织行为的变革。要求领导者因势利导，正确处理变革过程中革新与守旧的矛盾，达到既促进变革又稳定局面的目的。领导艺术建立在领导者个人的经验、素质和洞察力的基础上。认真研究领导艺术，有助于提高工作的有效性，有助于密切领导者和员工的关系。在这样的环境中，将能够造成一个既有集中，又有民主；既有纪律，又有自由；既有统一意志，又有个人心情舒畅，生动活泼且崭新的局面。对任何国家、任何组织来说，领导艺术对办好一个组织都起着决定性的作用。

（七）合理安排时间的艺术

"时间就是金钱，效率就是生命"，这句话是妇孺皆知的一句经典语言，时间对很多人来讲都是非常宝贵的，对引领着一个团队的企业领导者来讲就更加重要。然而，在实际工作中，许多领导者经常抱怨自己的时间不够用，甚至有些领导者利用自己90%的时间来解决公司内部的混乱与矛盾，仅用10%的时间来思考公司的发展思路和企业的核心竞争力，这显然是不够的。一个卓越的领导者需要科学合理地安排自己的时间，而时间的管理效率基本上决定了领导者的事业理想能否实现。所以领导者必须在研究本国以及全球发展趋势、调整企业核心竞争力和企业战略、充电学习、了解市场信息、与战略伙伴交流、与客户沟通、与企业的核心团队和人才沟通、传播企业文化、处理内部事务和危机等各个方面进行合理的时间分配，这样才能使企业的各项工作有条不紊地进行，最终实现企业的目标。

本 章 小 结

本章重点介绍了领导的含义和作用；领导权威的构成。另外，本章还介绍了领导理论，包括四种人性假设、领导特质理论、领导行为理论、领导权变理论。领导者应具备的基本素质和领导的艺术也是本章的重点。

【阅读材料】

富士康的企业管理调查

1. 富士康概况

富士康科技集团是台湾鸿海精密工业股份有限公司在大陆投资兴办的专业研发生产精密电气连接器、精密线缆及组配、电脑机壳及准系统、电脑系统组装、无线通信关键零组件及组装、光通信元件、消费性电子、液晶显示设备、半导体设备、合金材料等产品的高新科技企业。富士康总裁郭台铭，台湾著名企业家，祖籍山西，出生于台北县板桥市，台湾第一大企业鸿海精密（下属华人最大科技集团富士康科技集团）创办人。1985 年创立富士康品牌。1988 年，在深圳开办只有百来人的工厂，之后发展成为富士康龙华基地，至 2007 年底，富士康在全国相对成熟的基地已超过 13 个。2001 美国《福布斯》"全球亿万富翁"排行榜上位列第 198 名。2002 年入选美国《商业周刊》评选的"亚洲之星"。富士康科技集团由集团总裁郭台铭先生对科技产业发展动态的前瞻性把握和果断决策，以及富士康全体同仁的辛勤耕耘，集团规模迅速壮大，在中国、日本、东南亚，以及美洲、欧洲等地拥有数十家子公司，现有员工 60 余万人。产品从当初单一的电气连接器发展到今天广泛涉足电脑、通信、消费电子、数位内容、汽车零组件、通路等 6C 产业的多个领域。

2. 企业领导

如何才能打造出一支优秀的团队，关键之一在于领导人。领导人是企业的魄，是企业展现其魅力的发力点，是团队的教练，是干部的导师，是领路人。火车跑得快，全靠车头带。一个领导人能吸引众多优秀人才归附旗下，靠的不仅仅是个人魅力，也要具备超强的组织能力。理想情况下，领导人一脚油门，团队发动机会立刻输出澎湃动力，而企业就像赛车一样冲出起跑线。这样的企业，员工每天都能看到希望、看到前途，看到事业。这样的团队，禁得住苦难和时间的考验。

自幼生长在台湾的郭台铭，军人出身，也深受台湾"全民皆兵"的文化影响。他本人强悍、干练、节制的个性，也深刻影响着企业文化，渗透在企业管理的各个角落。富士康属于权威式的领导，所有政策都有领导决定，所有工作的进行步骤和技术的采用，均由领导人发号施令，工作分配及组合，多有领导者单独决定，领导者较少接触下属，如有奖惩，往往对人不对事。富士康所采取的压榨式的集权领导，很少让下属参与决策，决策大多由管理层做出，以命令宣布，必要时以威胁和强制方法执行。

富士康的管理制度层级森严。公司员工分管理职位、薪资资位、岗位职系三条线管理，以多重标准考核员工和定岗定编。最简单的是岗位职系，意即"工种"。最复杂的是资位，分为"全叙"和"不全叙"；"全叙"又分为员级和师级，员级分为员一、员二、员三，师级又分为师一到师十七。每个级别的薪资都不同，这套体系师自台湾军队的管理等级划分方法。至于管理职位，也从组长、课长、专理，到经理、协理，再到副总经理、总经理、副总裁等，一个事业群的级别高达 12 层。富士康有 12 个这样的大事业群，之间还存在竞争，每年都要根据业绩进行排名。富士康企业内部采用严格的层级管理制度。这一管理体制有以下特点：第一，严格的层级制度强调对组织规则的遵守。制造业企业的管理模式基本上是准军事化或军事化管理，有非常严格的层级制度，强调纪律性和员工的高度服从。第二，提倡为"大我"牺牲"小我"。企业希望员工不计较个人得失，努力为组织目标而工作。

3. 企业存在的问题

作为制造企业，富士康之所以能成为全球代工大王，就是因为它实行了"三高一低"的运营战略，即高交货速度、高品质、高柔韧性和低成本，通过实施人海战术 24 小时轮班、快速转换以抢得先机。

富士康的核心领导多为"50 后"、"60 后"，他们都是依赖高度集权和超凡的个人能力进行管理和领导的，是一种英雄式的领导。秉持这种管理理念的领导者往往不注重制度建设，以个人直觉代替详细决策论证，凭个人好恶对员工提要求；另外，工作中不敢放权，认为员工不需要想得太多，只要执行好领导人的决策就足够了。"80后"、"90后"的员工们显然对此相当抵触，对领导的行为也有不同的解读。将自身与企业的关系看作纯粹的雇佣关系，注重工作是否能够实现自我价值，而不愿意为了企业目标牺牲自身的利益。他们已经具有一定的民主思想，追求平等、反感管理者高高在上、对权威也敢于挑战，对于命令式的领导方式接受度不高。对于领导吝啬授权，凡是自己说了算，员工只负责执行的做法，新生代员工会认为那是束缚了自己的才华发挥。

（1）长期的资本崇拜使富士康专注于数字的增长，而忽视了对人的关怀。

在经济发展的洪流中，企业的流水线上，我们看不到生命的色彩，而只是冰冷的机器在运转。只有当社会、企业和我们自己能够真正重视人的时候，我们才可以说中国的转型已经成功，社会是和谐的，人民是幸福的。

（2）在富士康，中高级管理者的待遇是相当优厚的，高级管理者可以享受股权激励，中层干部也有很有竞争力的福利保障，而底层员工却遭到压榨。

（3）富士康作为全球最大的电子制造服务商，能够实现模具生产的从物料加工到零部件制造再到终端产品设计制造的垂直整合，这样做对生产线是有严格要求的。每个岗位的工作一定是分解再分解、细化再细化，每个员工只要在岗就必须不断重复相同的动作，并且中间不能停顿，富士康现在的工作制度是每2小时可以休息10分钟，平均每天工作12小时。长时间不断重复如此枯燥的工作对于员工的生理和心理都是一个巨大的考验。而一线管理者，在富士康他们被称作线长，作为与员工直接接触的管理人员，更应该关注员工的组织行为，及时反映员工中存在的问题，为改进工作提供最宝贵的现场经验，对于新进员工也应该多些关怀与帮助。但是在富士康却恰好相反，线长就是工厂的监视器，只负责督促员工完成工作，没有让员工感受到任何以人为本的企业管理理念与文化，甚至还呵斥员工，严重打击员工的工作积极性，这不得不说是企业管理的一大失误。

（4）在富士康深圳龙华园区2.3平方公里的厂区内，容纳了30多万人在这工作和生活，工厂提供住宿和餐饮，其中的住宿标准对于不同职级的员工存在很大差异。对于员工级的人来说，他们只能住在8人一间的宿舍，如此拥挤的住宿环境当然会对员工的心理健康产生不利影响，容易使员工产生抑郁情绪。如此多的人口足以构成一个小型城市，但相比较于一个城市来说，这个小社会却极度单一，充满压力，缺少社会生活的丰富性。

（5）此外还有一点不得不提到，那就是富士康的安保系统。富士康园区分四道防线管控：第一道防线是园区周边的各大门，这些大门依据方位的不同，分别担负外客来访、招聘、生活物料送货等；第二道防线是厂区和生活各门岗；第三道防线是研发场所、重要物资仓库和重要生产车间；第四道防线是机动巡逻人员。从企业发展所需的高度保密性来说，富士康的四道管控防线有其合理性，但也难免严苛，在索尼产品生产车间工作的工人进入任天堂产品的车间，就会被开除。而保安就是这些安保措施的具体执行者，他们具有询问、搜查员工等权力。所以在富士康保安拥有的权力是相当大的，但是如何对其进行管理，如何防止其滥用职权都是企业管理的重要环节，而富士康在这一点上做得并不到位，甚至还与员工发生的肢体冲撞，这都直接构成了违法行为。

【问题】

（1）富士康领导和管理属于何种类型？你对其有何种评价及看法？

（2）如果你是富士康的一个中层经理，在富士康大环境下，你会如何管理自己的部门？

（3）如果你被聘请为富士康的企业管理顾问，你会提出怎样的方案解决富士康目前存在的问题？

复习思考题

1. 领导的含义和作用是什么？

2. 构成领导影响力的主要因素有哪些方面？

3. 不同时期人性假设的主要观点是什么？

4. 领导行为四分图和管理方格理论的含义是什么？

5. 领导的生命周期理论的含义是什么？

6. 途径-目标理论的主要内容是什么？

7. 领导的权变理论的要点是什么？你是否认为大多数领导者在实践中都运用权变观点来提高领导力？

8. 领导者应具备哪些素质？

📁 **案例分析**

哪种领导类型最有效

A 公司是一家中等规模的汽车配件生产集团。最近，对该公司的 3 个重要部门经理进行了一次有关领导类型的调查。

1. 安西尔

安西尔对他本部门的产出感到自豪。他总是强调对生产过程、出产量控制的必要性，坚持下属人员必须很好地理解生产指令以得到迅速、完整、准确的反馈。安西尔当遇到小问题时，会放手交给下级去处理，当问题很严重时，他则委派几个有能力的下属人员去解决问题。通常情况下，他只是大致规定下属人员的工作方针、完成怎样的报告及完成期限。安西尔认为只有这样才能导致更好的合作，避免重复工作。

安西尔认为对下属人员采取敬而远之的态度对一个经理来说是最好的行为方式，所谓的"亲密无间"会松懈纪律。他不主张公开谴责或表扬某个员工，相信他的每一个下属人员都有自知之明。

据安西尔说，在管理中的最大问题是下级不愿意接受责任。他讲到，他的下属人员可以有机会做许多事情，但他们并不是很努力地去做。他表示不能理解在以前他的下属人员如何能与一个毫无能力的前任经理相处，他说，他的上司对他们现在的工作运转情况非常满意。

2. 鲍勃

鲍勃认为每个员工都有人权，他偏重于管理者有义务和责任去满足员工需要的学说，他说，他常为他的员工做一些小事，如给员工两张下月在伽利略城举行的艺术展览的入场券。他认为，每张门票才 15 美元，但对员工和他的妻子来说却远远超过 15 美元。通过这种方式，也是对员工过去几个月工作的肯定。鲍勃说，他每天都要到工场去一趟，与至少 25% 的员工交谈。

鲍勃说，他已经意识到在管理中有不利因素，但大都是由于生产压力造成的。他的想法是以一个友好、粗线条的管理方式对待员工。他承认尽管在生产率上不如其他单位，但他相信他的雇员有高度的忠诚与士气，并坚信他们会因他的开明领导而努力工作。

　　3. 查里

　　查里说他面临的基本问题是与其他部门的职责分工不清。他认为不论是否属于他们的任务都安排在他的部门，似乎上级并不清楚这些工作应该谁做。

　　查里承认他没有提出异议，他说这样做会使其他部门的经理产生反感。他们把查里看成是朋友，而查里却不这样认为。查里说过去在不平等的分工会议上，他感到很窘迫，但现在适应了，其他部门的领导也不以为然了。

　　查里认为纪律就是使每个员工不停地工作，预测各种问题的发生。他认为作为一个好的管理者，没有时间像鲍勃那样握紧每一个员工的手，告诉他们正在从事一项伟大的工作。他相信如果一个经理声称为了决定将来的提薪与晋职而对员工的工作进行考核，那么，员工则会更多地考虑他们自己，由此而产生很多问题。

　　他主张，一旦给一个员工分配了工作，就让他以自己的方式去做，取消工作检查。他相信大多数员工知道自己把工作做得怎么样。如果说存在问题，那就是他的工作范围和职责在生产过程中发生的混淆。查理的确想过，希望公司领导叫他到办公室听听他对某些工作的意见。然而，他并不能保证这样做不会引起风波而使情况有所改变。他说他正在考虑这些问题。

　　【问题】

　　（1）你认为这3个部门经理各采取什么领导方式？这些模式都是建立在什么假设的基础上的？试预测这些模式各将产生什么结果？

　　（2）是否每一种领导方式在特定的环境下都有效？为什么？

实　践　训　练

　　【实训项目】评价自己的领导能力。

　　【实训目的】提高自己的领导能力。

　　【实训内容】识别一下自己已有的领导能力，再确定一下你需要发展和提高的领导能力。

　　【实训组织】组织学生阅读伟人或企业家传记，总结他们的领导风格与特点，进行交流。

　　【实训考核】每位学生交一份分析报告，并由教师与同学共同讨论并评分。

第六章　沟　　通

学习目标

1. 了解沟通的相关概念。
2. 明确沟通的重要意义。
3. 了解沟通的过程与网络，掌握沟通的相关方式。
4. 明确有效沟通的障碍，培养沟通技能。

第一节　沟　通　概　述

一、沟通的概念和要素

1. 沟通的概念

沟通是为了一个设定的目标，把信息、思想和情感，在个人或群体间传递，并且达成共同协议的过程。

2. 沟通的三大要素

（1）沟通一定要有一个明确的目标。

只有大家有了明确的目标才叫沟通。如果大家聚到一起来了但没有目标，那么这不是沟通，是闲聊天。而我们以前常常没有区分出闲聊天和沟通的差异，经常有人这样说：某某，咱们出去随便沟通沟通。随便沟通沟通，本身就是一对矛盾。沟通就要有一个明确的目标，这是沟通最重要的前提。所以，我们理解了这个内容之后，我们在和别人沟通的时候，见面的第一句话应该说："这次我找你的目的是……"沟通时说的第一句话要说出你要达到的目的，这是非常重要的，也是你的沟通技巧在行为上的一个表现。

（2）达成共同的协议。

沟通结束以后一定要形成一个双方或者多方都共同承认的一个协议，只有形成了这个协议才叫做完成了一次沟通。如果没有达成为协议，那么这次交流不能称为沟通。沟通是否结束的标志就是：是否达成了一个协议。在实际的工作过程中，我们常见到大家一起沟通过了，但是最后没有形成一个明确的协议，大家就各自去工作了。由于对沟通的内容理解不同，又没有达成协议，最终造成了工作效率的低下，双方又增添了很多矛盾。在我们明确了沟通的第二个要素的时候，我们应该知道，在我们和别人沟通结束的时候，我们一定要用这样的话来总结：非常感谢你，通过刚才交流我们现在达成了这样的协议，你看是这样的一个协议吗？这是沟通技巧的一个非常重要的体现，就是在沟通结束的时候一定要有人来做总结，这是一个非常良好的沟通行为。

（3）沟通信息、思想和情感。

沟通的内容不仅仅是信息还包括更加重要的思想和情感。那么信息、思想和情感哪一个更容易沟通呢？是信息。例如，今天几点钟起床？现在是几点了？几点钟开会？往前走多少米？这样的信息是非常容易沟通的。而思想和情感是不太容易沟通的。在我们工作的过程中，很多障碍使思想和情感无法得到一个很好的沟通。事实上我们在沟通过程中，传递更多的是彼此之间的思想，而信息的内容并不是主要的内容。

二、沟通的作用

随着管理学的发展沟通的重要性日趋凸现，有人甚至认为，国家、民族、种族发生冲突主要原因是沟通问题，即"人类最大的失败在于不能获得他人的帮助及了解"。

一般来说，沟通的作用在于使组织内每个成员都能够做到在适当时候，将适当信息，用适当的方法，传递给适当的人，从而形成一个健全、迅速、有效的信息传递系统，以利于组织目标的实现。具体地说，沟通有以下几种作用：

（1）沟通使组织内部人员认清外部形势、组织目标和任务。

（2）沟通是正确决策的前提和基础。

（3）沟通是统一思想行动一致的工具。

（4）沟通是在组织成员之间，特别是在领导者与被领导者之间建立良好的人际关系的关键。

（5）沟通是实现团队合作必需的工作手段。

在强调沟通在企业内部作用的同时，沟通也把企业同其外部环境联系起来了。企业管理人员通过信息交流了解客户的需要、供应商的可供能力、股东的要求、政府的法律法规以及社区关切的事项等。任何一个组织只有通过沟通才能成为一个与其外部环境发生相互作用的开放系统。因此，沟通对组织的作用是根本性的，良好的沟通是一切组织存在的基础。

三、沟通的过程

简单地说，沟通的过程涉及信息的发送者、通过选定的渠道传递信号以及信息接收者，如图 6-1 所示。

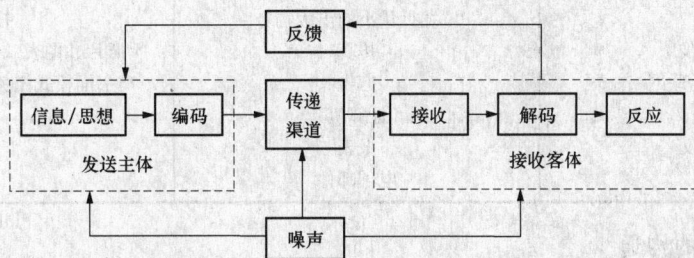

图 6-1 沟通的过程模型

（1）发送者。沟通始于某种思想或想法的发送者，然后以发送者和接收者双方都能理解的方式进行编码，除了把信息编码成一种常用语言以外，还有其他一些编码方式，如手势、计算机语言等。

（2）传递渠道。信息是通过联系发送者和接收者的渠道进行传递的，信息可以是口头或书面的，可以通过电话、电子邮件或其他媒介进行传递。每种传播渠道都有其优势与弊端，可根据沟通的需要适当选择合适的传播渠道。

（3）信息接收者。信息接收者需要随时准备接受信息，以便把接受的编码回译成原有信息或思想，做出相应的反应和反馈。

（4）噪声干扰。在沟通的过程中，无法避免的是经常受到"噪声"的干扰。噪声是妨碍沟通的所有相关因素，无论是在发送者方面、在传递过程中，还是在接受者方面，都会或多或少的影响信息的传递以致影响沟通的效果。

（5）反馈。为了检验沟通的效果，反馈是必不可少的，在没有证实信息的反馈之前，绝不能认为已经完成了沟通。

四、沟通的两种方式

我们在工作和生活中，都采用两种不同的沟通模式，通过这两种不同模式的沟通可以把沟通的内容即信息、思想和情感传递给对方，并达成协议。

可能我们用得最多的是语言。这是我们人类特有的一个非常好的沟通模式。实际上在工作和生活中我们除了用语言沟通，有时候还会用书面语言和肢体语言去沟通，如用我们的眼神、面部表情和手势去沟通。归纳起来，我们的沟通方式有以下两种：

1. 语言的沟通

语言是人类特有的一种非常好的、有效的沟通方式。语言的沟通包括口头语言、书面语言、图片或者图形，如表 6-1 所示。

口头语言包括我们面对面的谈话、开会等。书面语言包括我们的信函、广告、传真和 E-mail 等。图片包括一些幻灯片和电影等，这些都统称为语言的沟通。在沟通过程中，语言沟通对于信息的传递、思想的传递和情感的传递而言更擅长于传递的是信息。

表 6-1　　　　　　　　　　　　　**语 言 的 沟 通 渠 道**

口 头	书 面	图 片
一对一（面对面）	信	幻灯片
小组会	用户电报	电影
讲话	发行量大的出版物	电视/录像
电影	发行量小的出版物	投影
电视/录像	传真	照片、图表、曲线图、画片等
电话（一对一/联网）	广告	与书面模式相关的媒介定量数据
无线电	计算机	
录像会议	报表	
	电子邮件	

2. 肢体语言的沟通

肢体语言包含得非常丰富，包括我们的动作、表情、眼神。实际上，在我们的声音里也包含着非常丰富的肢体语言。我们在说每一句话的时候，用什么样的音色去说，用什么样的抑扬顿挫去说等，这都是肢体语言的一部分，如表 6-2 所示。

表 6-2　　　　　　　　　　　　　**肢体语言的沟通渠道**

肢体语言	行 为 含 义
手势	柔和的手势表示友好、商量；强硬的手势则意味着："我是对的，你必须听我的"
脸部表情	微笑表示友善礼貌，皱眉表示怀疑和不满意
眼神	盯着看意味着不礼貌，但也可能表示兴趣，寻求支持
姿态	双臂环抱表示防御，开会时独坐一隅意味着傲慢或不感兴趣
声音	演说时抑扬顿挫表明热情，突然停顿是为了造成悬念，吸引注意力

　　我们说沟通的模式有语言和肢体语言这两种，语言更擅长沟通的是信息，肢体语言更善于沟通的是人与人之间的思想和情感。

五、沟通网络

　　沟通的网络一般分为轮式、链式、Y 链式、圆式和星式 5 种。这 5 种沟通网络方式在组织中都存在，有着不同的含义并对行为的影响各具各自的特点，如表 6-3 和表 6-4 所示。

表 6-3　　　　　　　　　　　　沟通网络及其在组织中的含义

组织中的沟通网络	网络的含义
轮式	代表一个主管直接管理部属的权威系统
链式 （a）　　　　（b）	（a）代表 4 个层次的直线系统 （b）代表 3 个层次的直线系统
Y 链式 （a）　　　　（b）	（a）代表直线职能系统 （b）是变形的 Y 链式，代表主管、秘书和部属这样的系统
圆式	代表 3 个层次的系统，最后一层可交叉沟通
星式	代表不分上下的委员会组织

表 6-4　　　　　　　　　　　不同沟通渠道对行为的影响

沟通网络的特点	轮 式	链 式	圆 形
速度	快	次快	慢
正确性	高	高	低
团队工作的组织化	迅速出现组织化且稳定	慢慢形成组织化且稳定	不易产生组织化
领导的产生	非常显著	相当显著	不产生
士气	非常低	低	高

由此可见，对于不同的任务、不同的需求，应使用不同的沟通渠道网络。如果有效是指速度快与容易控制，则轮式网络较好。如果有效的是指士气和解决复杂问题，则圆形网络较好。如果组织庞大，则链式网络较好。如果主管事务繁忙。则采用 Y 式网络较好。此外，由表中还可以看出不同的沟通网络形成不同的组织权威结构。如轮式代表集权、圆式代表分权、链式代表分层、Y 式代表秘书受领导者的委托负责沟通。

第二节　沟　通　渠　道

一、正式沟通渠道

正式沟通是指在组织系统内，依据一定的组织原则所进行的信息传递与交流。例如，组织与组织之间的公函来往，组织内部的文件传达、召开会议，上下级之间的定期的情报交换等属于正式沟通渠道。另外，团体所组织的参观访问、技术交流、市场调查等也在此列。

正式沟通的优点是，沟通效果好，比较严肃，约束力强，易于保密，可以使信息沟通保持权威性。重要的信息和文件的传达、组织的决策等，一般都采取这种方式。其缺点是由于依靠组织系统层层的传递，所以较刻板，沟通速度慢。

二、非正式沟通渠道

非正式沟通渠道指的是正式沟通渠道以外的信息交流和传递，它不受组织监督，自由选择沟通渠道。例如，团体成员私下交换看法，朋友聚会，传播谣言和小道消息等都属于非正式沟通。非正式沟通是正式沟通的有机补充。在许多组织中，决策时利用的情报大部分是由非正式信息系统传递的。同正式沟通相比，非正式沟通往往能更灵活迅速的适应事态的变化，省略许多烦琐的程序；并且常常能提供大量的通过正式沟通渠道难以获得的信息，真实的反映员工的思想、态度和动机。因此，这种动机往往能够对管理决策起重要作用。

非正式沟通的优点是，沟通形式不拘，直接明了，速度很快，容易及时了解到正式沟通难以提供的"内幕新闻"。非正式沟通能够发挥作用的基础，是团体中良好的人际关系。其缺点表现在，非正式沟通难以控制，传递的信息不确切，易于失真、曲解，而且，它可能导致小集团、小圈子，影响人心稳定和团体的凝聚力。

此外，非正式沟通还有一种可以事先预知的模型。心理学研究表明，非正式沟通的内容和形式往往是能够事先被人知道的。它具有以下几个特点：第一，消息越新鲜，人们谈论得就越多；第二，对人们工作有影响者，最容易招致人们谈论；第三，最为人们所熟悉者，最多为人们谈论；第四，在工作中有关系的人，往往容易被牵扯到同一传闻中去；第五，在工作上接触多的人，最可能被牵扯到同一传闻中去。对于非正式沟通这些规律，管理者应该予以充分注意，以杜绝起消极作用的"小道消息"，利用非正式沟通为组织目标服务。

现代管理理论提出了一个新概念，成为"高度的非正式沟通"。它指的是利用各种场合，通过各种方式，排除各种干扰，来保持他们之间经常不断的信息交流，从而在一个团体、一个企业中形成一个巨大的、不拘形式的、开放的信息沟通系统。实践证明，高度的非正式沟通可以节省很多时间，避免正式场合的拘束感和谨慎感，使许多长年累月难以解决的问题在轻松的气氛下得到解决，减少了团体内人际关系的摩擦。

第三节 有效沟通的障碍和方法

一、有效沟通的障碍

1. 组织的沟通障碍

在管理中，合理的组织机构有利于信息沟通。但是，如果组织机构过于庞大，中间层次太多，那么，信息从最高决策传递到下属单位不仅容易产生信息的失真，而且还会浪费大量时间，影响信息的及时性。同时，自上而下的信息沟通，如果中间层次过多，同样也浪费时间，影响效率。有的学者统计，如果一个信息在高层管理者那里的正确性是100%，到了信息的接收者手里可能只剩下20%的正确性。这是因为，在进行这种信息沟通时，各级主管部门都会花时间把接收到的信息自己甄别，一层一层地过滤，然后有可能将断章取义的信息传递出去。此外，在甄选过程中，还掺杂了大量的主观因素，尤其是当发送的信息涉及传递者本身时，往往会由于心理方面的原因，造成信息失真。这种情况也会使信息的提供者畏而却步，不愿提供关键的信息。因此，如果组织机构臃肿，机构设置不合理，各部门之间职责不清，分工不明，形成多头领导，或因人设事，人浮于事，就会给沟通双方造成一定的心理压力，影响沟通的进行。

2. 个人的沟通障碍

（1）个性因素所引起的障碍。信息沟通在很大程度上受个人心理因素的制约。个体的性质、气质、态度、情绪、见解等的差别，都会成为信息沟通的障碍。

（2）知识、经验水平的差距所导致的障碍。在信息沟通中，如果双方经验水平和知识水平差距过大，就会产生沟通障碍。此外，个体经验差异对信息沟通也有影响。在现实生活中，人们往往会凭经验办事。一个经验丰富的人往往会对信息沟通做通盘考虑，谨慎细心；而一个初出茅庐者往往会不知所措。特点是信息沟通的双方往往依据经验上的大体理解去处理信息，使彼此理解的差距拉大，形成沟通的障碍。

（3）个体记忆不佳所造成的障碍。在管理中，信息沟通往往是依据组织系统分层次逐次传递的，然而，在按层次传递同一条信息时往往会受到个体素质的影响，从而降低信息沟通的效率。

（4）对信息的态度不同所造成的障碍。这又可分为不同的层次来考虑。一是认识差异。在管理活动中，不少员工和管理者忽视信息的作用的现象还很普遍，这就为正常的信息沟通造成了很大的障碍。二是利益观念。在团体中，不同的成员对信息有不同的看法，所选择的侧重点也不相同。很多员工只关心与他们的物质利益有关的信息，而不关心组织目标、管理决策等方面的信息，这也成了信息沟通的障碍。

（5）相互不信任所产生的障碍。有效的信息沟通要以相互信任为前提，这样，才能使向上反映的情况得到重视，向下传达的决策迅速实施。管理者在进行信息沟通时，应该不带成见地听取意见，鼓励下级充分阐明自己的见解，这样才能做到思想和感情上的真正沟通，才能接收到全面可靠的情报，才能做出明智的判断与决策。

（6）沟通者的畏惧感以及个人心理品质也会造成沟通障碍。在管理实践中，信息沟通的成败主要取决于上级与下级、领导与员工之间的全面有效的合作。但在很多情况下，这些合作往往会因下属的恐惧心理以及沟通双方的个人心理品质而形成障碍。一方面，如果主管过分威严，给人造成难以接近的印象，或者管理人员缺乏必要的同情心，不愿体恤下情，都容易造成下级人员的恐惧心理，影响信息沟通的正常进行。另一方面，不良的心理品质也是造成沟通障碍的因素。

（7）知觉选择偏差所造成的障碍。接收和发送信息也是一种知觉形式。但是，由于种种原因，人们总是习惯接收部分信息，而摒弃另一部分信息，这就是知觉的选择性。知觉选择性所造成的障碍既有客观方面的因素，又有主观方面的因素。客观因素如组成信息的各个部分的强度不同，对收信人的价值大小不同等，都会致使一部分信息容易引人注意而为人接受，另一部分则被忽视。主观因素也与知觉选择时的个人心理品质有关。在接受或转述一个信息时，符合自己需要的、与自己有切身利害关系的，很容易听进去，而对自己不利的、有可能损害自身利益的，则不容易听进去。凡此种种，都会导致信息歪曲，影响信息沟通的顺利进行。

二、有效沟通的基础、原则和方法

现代企业管理过程，从一定意义上说实际就是沟通行为过程。有效沟通是现代企业管理得以实施的主要手段、方法和工具，是做好思想政治工作、实现企业和谐发展的重要基石。管理学者认为，沟通实际就是社会中人与人之间的联系过程，是人与人之间传递信息、沟通思想和交流情感的过程。

沟通的过程必须由一些要素组成，沟通过程有失败与成功之分。从结果上讲，沟通存在着有效沟通与无效沟通两种沟通，所谓有效沟通就是成功的沟通。通过有效沟通与交流可以达到一种和谐的境界。单位要通过沟通与交流看到员工在不断地变化和成长，员工要通过沟通与交流看到单位的美好未来，要通过有效沟通与交流产生一种思想共鸣，形成一种远大的理想。有效沟通是正确决策的前提和基础，是统一思想和行动的工具，是建立良好人际关系的关键。沟通无处不在，思想政治工作更是离不开有效沟通。

生活中我们常常看到，有的人说话让人爱听，有的人说话让人不爱听，说得不好甚至适得其反。原因在哪里？又是为什么呢？实现有效沟通，至少应当把握好以下几点：

1. 注意有效倾听

在沟通中存在着许多障碍，如视角差异——期望不同，情感状态差异、背景差异、倾听不足等。一般来讲，沟通中人们更多的是向对方滔滔不绝地阐述自己的观点与想法，使出浑身解数，去教育对方、说服对方，而往往忽视了有效倾听。倾听不足是影响沟通的重要问题。注重有效倾听就是认真倾听当事人表达的内容；观察当事人非口语行为，如眼神、神态、身体动作、声调或语气等，并注意其隐含的意义是否与口语内容相符合；适时给予适当而简短的反应，让当事人知道我们听懂了他所说的话。有效倾听是高效沟通的基础元素，有效倾听能帮助我们更加接近当事人的感觉与经验，从而降低误解的产生；帮助当事人发现自己真正的感觉是什么，帮助我们察觉当事人在沟通中此时此刻真正需要的是什么。只有做到有效倾听，才能保证沟通的顺利进行。

一般来讲，人的倾听有 5 个层次：一是忽视（Ignoring），根本没有听；二是假装听（Pretend Listening），其实是一边听，一边想其他的事情，如晚上吃什么呢；三是选择性倾听（Selective Listening），报喜不报忧或报忧不报喜；四是留意的听（Attentive Listening），比较注意；五是同理心倾听（Empathic Listening），这是最高层次。倾听的目的是要知道对方讲话的动机是什么，他说了什么，他用什么方式说，他有什么感受。倾听要做到耐心、虚心、会心。同理心倾听是有效倾听的最高表现形式。只有做到有效倾听，才能真正了解、设身处地站在当事人的角度看问题，沟通起来才能减少障碍或无障碍。

同理心就是正确了解他人的感受和情绪，进而做到相互理解、关怀和情感上的融洽，将心比心。李开复先生认为同理心是在人际交往过程中，能够体会他人的情绪和想法、理解他人的立场和感受，并站在他人的角度思考和处理问题的能力。如两个人争论，谁也不能说服谁，因为他们根本就没有听进去对方在讲什么，更谈不上站在对方的角度去思考，那是两条平行线，永远不能相交。在思想政治工作中，每一个思想政治工作者如能用同理心去倾听职工的问题，就能很好地做好沟通，解决问题。做到同理心倾听，就要站在对方的角度，专心听对方说话，让对方觉得被尊重。人都有渴望被尊重的需要。有了尊重，沟通就有了基础；其次，能正确辨识对方情绪、能正确解读对方说话的含义。

2. 养成一个洞察心灵的意识

弗洛伊德的心理剖析认为，心理由内及外可以分为本我、自我、超我。本我：是内心深处最本质的想法，是潜意识，表现为情绪；自我：是心灵的检察官和思想工作者，表现为理智、文化、修养；超我：是心灵的"外部环境"，表现为法律、道德、习俗。作为思想政治工作者，要认真观察人的心灵，找出人的本我与自我，深入人的心灵深处，才能真正想员工之所想。因为有时人们说出来的话，并不代表其内心的真实想法，在公众场合尤其如此，在生活中养成把心理活动分成三层（本我、自我、超我）来观察的习惯，只有抓住了人的真实的想法，抓住了人的本我与自我，你才会更好地理解他人，抓住问题的关键与要害才能对症下药，真正解决员工存在的问题。

3. 好的心态是前提

"态度决定一切"时下很流行，也确有一定的道理。一个人的心态决定了一个人的态度。当然，沟通中的心态也非常重要。沟通心态是根，沟通知识、技能是叶，积极的心态还是消极的心态在沟通中的作用是不一样的，积极的心态使沟通顺利进行，消极的心态阻碍沟通。例如，一个杯子中装了半杯水，问看到了什么呢，不同心态的人，回答是不一样。有人说：这个杯子是半满的；有人说：这个杯子是半空的；两种回答，两种心态。也就会有两种不同的处理问题与对待问题的方法，而认识问题与处理问题的方法，又直接影响着工作。

工作中，要以一个积极良好的心态看待人，不能总是以为别人都不行，就自己一个人什么都好，以这种心态来沟通，十有八九是不会有效的，沟通不好还整天牢骚满腹。用积极良好的心态来沟通，用事实说话，一是一，二是二，这是我们是否能够看清事物、坚持原则的基本前提。否则就只能是感情用事，一好就没有一点错，一错就没有一点好，这不是实事求是的表现，也不能很好有效地进行沟通。

4. 把握有效沟通的"四要点"

（1）首先是要学会欣赏和赞美对方。人性中最深切的禀性，是被人赏识的渴望。不是被赏识的"愿望"或"欲望"或"希望"，而是被人赏识的"渴望"。在人际关系方面，我们永远也不要忘记我们所遇到的人，都渴望别人的欣赏和赞扬。这是所有人都欢迎的，我们试着找出别人的优点，给别人诚实而真挚的赞赏。"真诚永远不为过"，赞美需要真诚，是发现对方确实存在的优点，而后赞美之。恭维是虚假的，是从牙缝中挤出来的，是"发明"，是对方一眼就能看出来的，虚假的赞美没有价值，真诚的赞美会产生意想不到的效果。

（2）无论和谁沟通都要有原则。应该本着"大事讲原则，小事讲风格"，实事求是的风格来进行真诚的沟通。这里的沟通原则就是能否做到顾大局识大体，是否能够坚持维护集体的利益，有利于大局问题的解决，除此之外多一钉少一铆的小事就不必过于计较。基于这种原则的指导，实际沟通中就容易形成求大同存小异，就能够处理好如何既不失原则，也不失灵活。在单位中，我们经常遇到的沟通都是因为某事我们持有不同意见，需要坐下来一起探讨，在这其中，应该秉行对事不对人的沟通原则，同时要学会换位思考，这条原则在谈判上表现得尤其明显。在单位内部，有时候双方各执一词，甚至争得面红耳赤，对于这种敢于较真的精神应该肯定，因为只有这种据实争执才能有利于把事情的原委弄明白。但切记，争执不等于谩骂，更不等于人身攻击，如何理性控制情绪，对事不对人原则应该时刻牢记。

（3）学会在总结反思中的坚持和让步。真诚用心地去沟通，去表达自己的意见，倾听别人的意见，冷静和理智的总结，反思彼此的本质诉求和差异，为了争取核心目标的认同，有时必须学会妥协次要的目标。要敢于一次次激烈碰撞后的冷静反思，以及反思后再一次次激烈碰撞，要学会有效的沟通冲突处理，对于原则问题的沟通，要有屡败屡战的良好心态去坚持。要坚信思想上真正的一致是沟通碰撞后达成的一致，真正的团结是经过斗争之后形成的团结。现实中因为每个人的成长及所处的生活环境以及受教育的程度、人生经历不一样，这就造成对某些问题的看法让大多数人很难一下子就统一起来。这时候我们就应该要学会允许等、允许看，以此来促进沟通对象思想的转变，允许他们思想转变经历一个过程，这个过程相对于不同的人来说可能有的长有的短，我们不要搞时间上的一刀切，要有胸怀。

（4）勇于面对和处理沟通中的冲突。在沟通的坚持过程中，经常会出现局部冲突，让沟通的双方心理感受很累，面对沟通冲突问题，事实上我们不怕再沟通，就怕不沟通而采取听之任之甚至老死不相往来的态度来处理。这里就需要沟通双方理性的坚持，学会礼让，选择再次的沟通。良好的冲突解决原则就是，一旦沟通有冲突，下次主动沟通时，必须领导及时找下属，年长者找年轻者，男同志必须找女同志。同时作为一个管理者，应该随时关注自己的下属和下属之间有无沟通障碍，一旦发现有冲突或者潜在问题，应该及时主动地去协调解决。只有这样，才能实现有效沟通，达到内部乃至整个社会的和谐。

三、沟通的冲突及冲突原理

为了使团体有效地完成组织目标和满足个人需要，必须建立团体成员和团队与团队之间的和谐关系，即彼此应相互支援、行动应协调一致。但是由于各种差异的存在，对同一个问题有不同的看法和处理方式，于是就有了矛盾，这种矛盾的激化就是冲突。

1. 冲突产生的原因

（1）个体特征。对产生组织冲突的个体特征的研究主要集中于个性、价值观、个人目标和角色等方面。

（2）沟通。沟通是一种信息传递的过程，低水平的沟通往往造成协作困难，从而产生冲突。组织信息传递无效是由于以下几种原因：①传递信息者对信息缺乏真正理解，或者信息本身就是模糊的，造成接收者最初接收到模糊的或者是被曲解的信息；②因信息传递具有功能障碍，或者信息发送者与接收者因思想、动机或认知方式不同而对信息产生误解；③因信息传递者和接收者双方互不信任、怀疑、敌对态度而引起的信息歪曲和人为破坏，或者因诸如恐惧、紧张等其他原因造成的曲解；④官僚性的组织机构使得信息传递常发生信息压缩或膨胀等失真现象。因此，因沟通不畅而引起对信息的误解常常成为冲突的重要来源。

（3）组织结构。组织结构实际上建立了一种组织成员之间的互依关系。当互依关系伴随着认知差异或者目标分歧出现，或者互依关系限制了各方的行为、欲望或产出，冲突很容易产生。

（4）权力。权力斗争是一个更为普遍的冲突来源。权力实际上规定了组织成员（个人或群体）在多大程度上占有稀缺资源或者让稀缺资源为自己服务，围绕资源安排所形成的心理契约、势力范围、影响力、指挥链习惯与传统等往往成为冲突的诱因。

（5）利益。组织是需要协调的各种利益的混合体，组织中的利益包括个人利益，部门（正式组织）利益、小团体（非正式组织）利益等，主要是指经济利益，也包括诸如名誉、地位等非经济利益。

2. 解决冲突的方法

冲突真正发生之后，回避和压制都不可取，只有沟通才是最有效的武器。沟通可以确定问题、发现问题根源并寻找解决问题的途径。

（1）如果冲突是由于企业资源缺乏或分配不公造成的，可以让冲突双方直接会晤，通过坦率真诚的沟通和讨论来确定问题并寻找解决问题的途径。随后，通过与其他部门的沟通与协调来开发资源以消除冲突的根源。

（2）如果企业冲突的产生是由于员工个人的处事风格与沟通能力造成的，企业可以通过面谈、座谈、研讨会、恳谈会、社交性聚会等正式和非正式沟通的方法来消除彼此之间的误会和过结，增进彼此之间的了解和感情。

（3）实践证明，组织中如果能建立定期或不定期的沟通恳谈会，对化解不满情绪特别有效，可减少或消除冲突。

（4）沟通可以构筑信任。消除企业里的猜疑、不信任的气氛，通过沟通达到上下齐心，形成良好的企业文化，统一大家的目标，树立共同的价值观，就可以解决目标不一致所导致的冲突。

冲突可能给企业带来不利影响，削弱群体凝聚力，影响群体团结和士气，这对群体行为合理化及绩效道德提高都会造成不良影响。但是如果能处理好，冲突不仅不会产生消极作用而且还能成为群体正常发展的有利因素。因此，我们要积极研究群体冲突形成的原因，以及可能产生的后果，并寻找化消极为积极的办法。沟通不失为一种解决冲突问题的良药，它不是解决冲突的唯一方法，却是一种必要的方法。我们应该在实践中灵活的运用这种有效的方法，并在实践中不断摸索经验，完善并使之不断创新和发展。

本 章 小 结

沟通对组织内部的正常运行和确保组织与外部环境的互动方面至关重要。它是信息由发送者到接受者的传递过程，目的是让接受者能理解信息。沟通的过程始于发送者，发送者以编码方式向接受者发出口头、书面、视觉或其他方式的信息。接收者收到信息后解码，并正确理解对方所传递的内涵，这反过来可能会导致一些变化或举措。但是，交流的过程可能被那些阻碍沟通的"噪声"所打断。

在组织内部，管理人员为做好工作而应该掌握必要的信息。这种信息不但可以在公司纵向结构上下流动，而且可以横向或斜向流动。信息沟通方式可以是书面的，但更多的是口头性的。此外，人们还可以通过肢体语言和面部表情进行沟通。

沟通因沟通过程中的障碍而受到影响，了解这些影响沟通的障碍和善于聆听，不仅易于理解还有利于管理工作的进行。在沟通的过程中，由于各方面的差异容易引起一些冲突，有些冲突是有益的，管理者必须正视冲突现象的存在，正确处理冲突问题，消除冲突的消极影响，发挥其积极作用。

【阅读材料】

材料1

有个教徒在祈祷时来了烟瘾，他就去问神父，祈祷时可不可以抽烟。神父回答"不行"。教徒很丧气地走了，祈祷也免了，神父也很生气。

而有另一个教徒也是瘾君子，在祈祷时也想抽根烟，他想了想，设计了台词后就去找神父说："在抽烟时可不可以祈祷？"神父答："当然可以！"。

同样是抽烟和祈祷，祈祷时要求抽烟，意味着对神灵的不尊重；而抽烟时要求祈祷，则表明在休闲时也想着神的恩典，神父当然很欢欣，没有理由拒绝的。

这就是将就了沟通技巧，站在对方的角度思考问题，编排了台词，沟通有效。

材料2

一家婚庆主题酒店要招聘婚庆业务接待人员。招聘考官独出心裁，采用了集体应聘的方式。通知12名应聘者，一起来应聘。当大家做好后，让大家自由发言，和主考官一起谈话、交流、回答问题。例如，对酒店的观感、对主考官的评价等问题。主考官就在听着、看着、记着。表达能力、沟通能力、关注度、体谅度等都被考官记录下每个人的表现。夸夸其谈的、羞于表现的、过于关注自我的都被淘汰了。

当我们每一个人在沟通的时候，一定要养成一个良好的沟通技巧习惯：说、听、问三种行为都要出现，并且这三者之间的比例要协调。体谅着问、细心地听、谨慎地问，如果具备了这些，将是一个良好的沟通。

复习思考题

1. 概要地说明沟通模型。在你运用这个模型进行分析时，找出一个沟通方面的问题，并确定造成问题的原因。

2. 列举传递信息的不同渠道。论述各种渠道的优点和缺点。

3. 组织中沟通网络有哪几种？它们会对组织行为产生哪些影响？

4. 如何克服沟通中的障碍实现有效沟通？

5. 组织沟通中产生冲突的原因有哪些？如何处理沟通冲突？

📁 **案例分析**

被领导"错误"批评

公司公关部的小王陪客户吃完饭，兴冲冲地回到办公室，陪客户喝了不少酒，就拿起茶杯喝茶解酒。恰巧这时领导进来了，一闻他浑身的酒味就开始吼他，"你小子还知道上班呀，瞧瞧办公室满屋子酒味，客户来了怎么办？"。小王实在是冤枉，但他还是静静地听着领导的骂。等领导骂够了，平静下来了，才说：是的，我错了，上班时间，中午不许喝酒。只是中午和客户签协议后请人家吃饭了。这事是您交代的，我不能怠慢，以后我会注意的。"

领导愣了一下，缓过神来，想起这事是自己昨天交代给小王的任务，看来是自己错怪了小王。但又不好意思明说。领导这次心里感觉这小王还不错，识大体，顾大局，维护领导面子，以后可以信任、重用。

【问题】

（1）下属如何与上司沟通？

（2）如何面对领导的批评，特别是不公正的批评？

（3）这个例子给我们什么启示？

实 践 训 练

【实训项目】玫瑰心情。

【实训目的】面对面人际沟通训练。

【项目内容】每个学生就本组同学范围内的某个人，说一个平时想说又不便说（不好意思说）的事。

【实训组织】请老师提前做好动员，要求每个学生准备一个眼罩。学生按小组围成圈座，大家手拉手，依次发言。每个学生发言后大家鼓掌鼓励。

【实训考核】

（1）教师巡回督导，事后总结。

（2）每组派一名学生代表谈体会，做经验分享，教师现场给每组打分。

第七章 控 制

学习目标

1. 了解管理控制的概念和目标。
2. 明确管理控制职能与计划职能的关系。
3. 了解控制的类型。
4. 掌握控制职能实施的过程。

第一节 控 制 类 型

一、控制的概念

控制是监视各项活动，保证组织计划与实际运行状况动态适应的管理职能。控制工作就是按照计划标准衡量计划的完成情况和纠正计划执行的偏差，以确保计划目标的实现，或适当修改计划，使计划更加适合于实际情况。

在现代管理活动中，管理控制工作的目标主要有两个。

（1）限制偏差的累积。一般来说，工作中出现偏差是不可避免的。但小的偏差失误在较长时间里会积累放大并最终对计划的正常实施造成威胁。因此管理控制应当能够及时地获取偏差信息。

（2）适应环境的变化。制定出目标到目标实现前，总是需要相当一段时间。在这段时间，组织内部的条件和外部环境可能会发生一些变化。需要构建有效的控制系统帮助管理人员预测和把握这些变化，并对由此带来的机会和威胁做出反应。

二、控制职能与计划职能的关系

控制与计划的关系相当密切，具体有以下5个方面：

（1）计划起着指导作用，管理者在计划的指导下领导各方面工作以便达成组织目标，而控制是为了保证组织的产出与计划一致才产生的一种管理职能。

（2）计划预先指出了所期望的行为和结果，而控制则是按计划指导实施的行为和结果。

（3）只有管理者获取关于每个部门、每条生产线，以及整个组织过去和现在状况的信息才能制定出有效的计划，而这些信息中的绝大部分都是通过控制过程得到的。

（4）如果没有计划来表明控制的目标，管理者就不可能进行有效的控制。计划和控制都是为了实现组织的目标，两者是相互依存的。

（5）控制具有事后反馈性的特点，控制通过对前一时期管理状况的回顾和信息的反馈，来校正和调整管理运行过程和方向。

一般来说，控制过程中采取的更正措施目的是使实际工作符合原来的计划目标，但有时也会导致更换目标和计划，改变组织结构，更换人员以及其他重大的变革。

三、控制的类型

1. 按控制目的和对象划分

根据控制的目的和对象，控制分为纠正执行偏差和调整控制标准两种类型。前者是使执行结果符合控制标准的要求，为此需要将管理循环中的实施环节作为控制对象，这种控制的目的就是为缩小实际情况与控制目标的偏差，即负馈控制。后者则是使控制标准发生变化，以便更好地符合内外现实环境条件的要求，其控制作用的发生主要体现在管理循环中的计划环节，也就是这种控制对象包括了控制标准本身，这种控制的目的就是使控制标准产生动荡和变动，使之与实际情况更接近，即正馈控制。

正馈控制和负馈控制应该并重使用，但现实中要处理好这两方面控制工作的关系并不容易。增进适应性的正馈控制，有时很易于被用来作为无视"控制"的借口。而这样做的结果就会导致系统进行得不稳定、不平衡。同时，平衡不应该是静态的平衡。现代的企业面临复杂多变的环境，环境条件变了，计划的前提也变了，如果还僵硬地抱着原先的控制标准不放，不做任何调整，那么组织很快就要衰亡。现代意义下的控制，应该持一种动态平衡的观念，应能促进被控制系统在展现朝向目标行为的同时适时地根据内外环境条件做出调整，妥善处理好适应性和稳定性、正馈控制和负馈控制这两种既相互对立又往往需要统一的关系，而这正是现代企业控制的难点。

2. 按控制信息获取的时间划分

控制职能可以按照活动的位置，即侧重于控制事物进程的哪一阶段而划分为3种类型：前馈控制、现场控制和反馈控制。

事先识别和预防偏差的控制称为前馈控制，有时也称为预备式控制或预防式控制。前馈控制旨在获取有关未来的信息，依此进行反复认真的预测，将可能出现的执行结果与计划要求的偏差预先确定出来（此为负反馈），或者事先察觉内处环境可能发生的变化（此为正反馈），以便提前采取适当的处理措施预防问题的发生。这种控制把重心放在流人组织的人力、物料和财务资源上，其目的在于保证高质量的投入。

现场控制则是一种同步、实时的控制，即在活动进行的同时就施予控制。管理者亲临现场进行指导和监督，就是一种最常见的现场控制活动。现场控制可分为两种：一是驾驭控制，有如驾驶员在行车当中根据道路情况使用方向盘来把握行车方向。这种控制是在活动进展过程中随时监控各方面情况的变动，一旦发现干扰因素介入立即采取对策，以防执行中出现偏差。二是关卡控制，它规定某项活动必须经由既定程序或达到既定水平后才能继续进行下去。

反馈控制是在活动完成之后，通过对已发生的工作结果的测定发现偏差和纠正偏差，或者是在内外环境条件已经发生了重大变化，导致原定标准和目标脱离现实时，采取措施调整计划。反馈控制又称事后控制或产出控制，其控制重心放在组织的产出结果上——尤其是最终产品和服务的质量。

反馈控制有一个致命的弱点即滞后性，很容易贻误时机，增加控制的难度，而且损失往往已经发生了。因此，反馈控制要求反馈的速度必须大于控制对象的变化速度，否则，系统将产生震荡，处于不稳定状态。

前馈控制、现场控制和反馈控制的关系如图7-1所示。

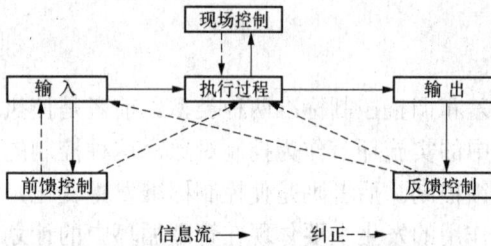

图 7-1　前馈控制、现场控制和反馈控制的关系

3. 按采用的手段划分

根据采用的手段，可以把控制划分为直接控制和间接控制两种类型。直接控制是控制者与被控制对象直接接触进行控制的形式。间接控制是控制者与被控制对象之间并不直接接触，而是通过中间媒介进行控制的形式。

4. 按控制源划分

根据控制源，可把控制分为正式组织控制、群体控制和自我控制 3 种类型。正式组织控制是由管理人员设计和建立起些机构或规定来进行控制，规划、预算和审计部门是正式组织控制的典型例子。群体控制基于群体成员们的价值观念和行为准则，它是由非正式组织发展和维持的。自我控制是个人有意识地去按某一行为规范进行活动。

5. 按问题的重要性和影响程度划分

根据问题的重要性和影响程度，可以把控制分为任务控制、绩效控制和战略控制 3 种类型。

任务控制亦称业务控制，是针对基层生产作业和其他业务活动而直接进行的控制。任务控制多采用负馈控制法，其目的是确保有关人员或机构按既定的质量、数量、期限和成本标准完成所承担的工作任务。

绩效控制是一种财务控制，即利用财务数据来观测企业的经营活动状况，以此考评各责任中心的工作实绩，控制其经营行为。此种控制亦称为责任预算控制或以责任发生制为基础进行的控制。

战略控制是对战略计划和目标实现程度的控制。战略控制站在更高的角度看待问题，而不像低层次的控制活动那样仅局限于矫正眼前的、内部的具体执行工作。

第二节　控 制 的 过 程

控制对象一般都是针对人员、财务、作业、信息及组织的总体绩效，无论哪种控制对象其所采用的控制技术和控制系统实质上都是相同的。控制的基本过程主要包括以下 3 个步骤：确定标准、衡量绩效、纠正偏差。控制的过程如图 7-2 所示。

一、确定标准

要控制就要有标准，目标和计划是控制的总标准。为了对各项业务活动实施控制，还必须以总标准为依据设置更加具体的标准，计划方案的每个目标，以及这些方案所包括的每项活动、每项政策、每项规程以及每项预算，都可以成为衡量实际业绩或预期业绩的标准，如实物标准、成本标准、资本标准、收益标准、计划标准等。在实际工作中，不管采用哪种类型的标准，都需要按照控制对象的特点来决定。

1. 确立控制对象

进行控制首先遇到的问题是"控制什么"，一般地，影响组织目标成果实现的主要因素有：①环境特点及其发展趋势；②资源投入；③活动过程。

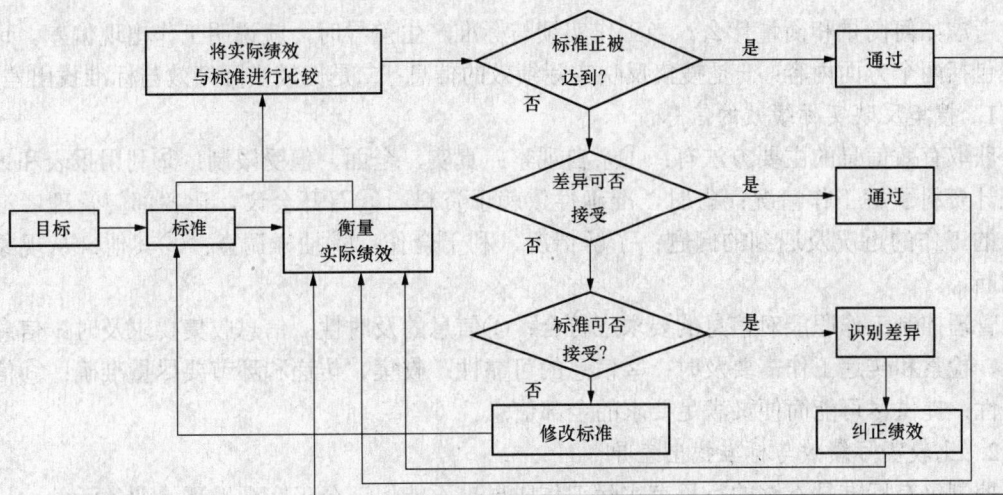

图 7-2　控制的过程

2．选择关键控制点

对关键点的选择，一般应统筹考虑如下 3 个方面：①会影响整个工作运行过程的重要操作与事项；②能在重大损失出现之前显示出差异的事项；③若干能反映组织主要绩效水平的时间与空间分布均衡的控制点。

3．制定控制标准

控制标准可分为定量标准和定性标准两类。任何一项具体工作的衡量标准都应该从有利于组织目标实现的总要求出发来加以制定，制定控制标准常用的方法有以下 3 种。

（1）利用统计方法来确定预期结果：统计性标准，也叫历史性标准，是以分析反映企业经营在各个历史时期状况的数据为基础来为未来活动建立的标准。历史性标准统计资料作为某项工作确定标准具有简便易行的好处，但是据此制定的工作标准可能低于同行业的卓越水平，甚至是平均水平。

（2）根据经验和判断来估计预结果，根据评估建立标准：要注意利用各方面的管理人员的知识和经验，综合大家的判断，列出一个相对先进合理的标准。

（3）工程（工作）标准：工程（工作）标准是根据通过对工作情况地形客观地定量分析来制定的。

4．制定标准应满足的要求

（1）使控制便于对各部门工作进行衡量。

（2）应该有利于组织目标的实现。

（3）应与未来发展相结合。

（4）尽可能体现出一致性：应是公平的，应一视同仁。

（5）应是经过努力后可以达到。

（6）有一定的弹性和一定的适应性。

二、衡量绩效

衡量绩效就是按照标准衡量工作实绩达到标准的程度，其实也是控制当中信息反馈的过程。在确定了标准以后，为了确定实际工作的绩效究竟如何，管理者首先需要收集必要的信息，考虑如何衡量和衡量什么。当工作实绩与标准产生差异时，就说明工作出现偏差。这一步骤包括两个方面内容：一是搜集反映实际绩效的信息；二是比较实际绩效与标准找出差异。

1. 搜集反映实际绩效的信息

获取有效信息的主要方法有：①亲自观察：真实，全面，但受限制；②利用报表和大量的统计资料了解工作情况：省时，准确性依赖于资料；③召开会议，让各部门管理者汇报各自的工作的近况及遇到的问题：了解情况，利于合作；④抽样调查；⑤其他：从现象进行判断。

管理控制工作职能对信息的要求应符合：①信息的及时性：信息收集要求及时；信息的加工、检索和传递工作需要及时；②信息的可靠性：收集、传递和环节要尽量准确；③信息适用性：提供尽可能简便又满足要求的全部信息。

2. 比较实际绩效与标准找出差异

控制仅有标准是不够的，只有实际工作成果也不能保证公正客观地评价业务活动，只有将实际工作成果和标准进行对比，找到差异，才能对业务活动进行客观、公正的评价。不应把实际工作成果简单地理解为某项工作或某个项目的最后结果，有时它可能是中间过程或状态本身，有时它也可能是由中间过程或状态推测出来的结果。控制的目的不是为了衡量绩效，而是为了达到预定的绩效。所以，在控制的过程中要预测可能出现的偏差，以便控制未来绩效。在衡量绩效的过程中要注意以下几个问题：

（1）建立信息反馈系统：应该建立有效的信息反馈网络，使反映实际工作情况的信息适时地传递给适当的管理人员，使之能与预定标准相比较，及时发现问题。

（2）确定适宜的衡量频度：适当取决于控制活动的性质。确定时应考虑的主要因素：对象可能发生重大变化的时间间隔。

（3）通过衡量成绩，检验标准的客观性和有效性，找出是否有标准本身的问题。

三、纠正偏差

采用必要的措施纠正偏差是控制过程的关键。利用科学的方法，依据客观的标准，对工作绩效的衡量，可以发现计划中出现的偏差。纠正偏差就是在此基础上，分析偏差产生的原因，制定并实施必要的纠正措施。这项工作使得控制过程得以完整，并将控制与管理的其他职能相互联结：通过纠偏，使组织计划得以遵循，使组织结构和人事安排得到调整。

鉴定偏差采取纠正措施应注意的问题：①找出偏差产生的主要原因：并非所有偏差都可能影响企业的最终成果；②判断偏差的严重程度；③探寻偏差产生的主要原因。

确定纠正偏差措施的实施对象：①企业的实际行动；②计划及标准本身：可能是原先计划和标准制定的不科学；也可能原来正确但环境发生预料不到的变化，不再适应新环境。

选择实施纠正过程中应注意的问题：

（1）使纠偏方案双重优化。第一重优化：行动的经济性优于不采取行动的损失；第二重优化：通过比较，选择投入最少，效果最好的方案。

（2）充分考虑原先计划实施的影响。

（3）注意消除组织成员对纠偏措施的疑虑：应充分考虑，消除疑虑，避免出现人为障碍。

在采取更正行动之前，必须仔细分析产生偏差的原因。着眼点应在如何采取更正措施、防止今后偏差的再次发生上，一般情况下，不要过多地追究个人责任，以防引起反作用。

本 章 小 结

控制的管理职能是对绩效的衡量与纠正，以确保企业的目标以及完成这些目标的计划得以实现。这是从总裁到基层主管所有管理的人员的职能。

不论所控制的对象是什么，控制方法和系统基本上是相同的。无论在何处进行控制，也不论控制什么，控制的基本过程都包括以下 3 个步骤：①确定标准；②用标准来衡量绩效的进展情况；③纠正脱离标准和计划的偏差。标准的类型不同，但所有标准都应当能够揭示关键点的偏差。

管理控制系统常常被看作是一个简单的反馈系统，但是无论反馈信息的获得有多快，在分析偏差、制定纠正方案及实施这一方案时，都会不可避免地存在时滞。为克服这一控制中的时滞问题，建议管理人员不仅要依赖反馈，还要采用前馈控制方法。

如果要使控制可行，那么控制必须要与计划和职位相适应，必须与各个管理人员相适应，必须要与效率和效益相适应。为使控制的客观性和灵活性，应能适应组织文化，经济实用，应能形成纠正措施。

【阅读材料】

别念唐僧的紧箍咒

小韩是一所名牌大学的土建系毕业生，毕业后到市政建设部门工作。他勤奋好学，很有才华，在校期间就曾有多个设计成果获奖。但是小伙子有些心高气傲，还有个倔脾气。偏偏让他遇上了"唐僧"型领导，缺乏专业知识，自以为是，做过不少差劲的决策。小韩也和这领导为工作争执过，其结果就是挨罚款。终于，又一次为工作争执不下，领导说："我是领导，就得听我的，若不服从，你就给我走人！"。小韩回去越想越气，很快递交了辞职书。

在职场中，不乏"唐僧"型领导，由于本事有限，只能通过"紧箍咒"来控制下属，使得上下级关系紧张。其实"唐僧"作为管理者，不需要处处比下属有本事，但一定管理要有方，控制要科学，领导要有术，让下属心服口服。管理者的目的是通过被管理者达到任务要求，被管理者是希望通过管理者的授权和任用得到个人价值的实现。在这两方面都能够互相满足的情况下，管理和处世就都成功了。

在现代管理学当中，逐渐朝人性化的管理的方向发展，始终保持"文化引领人心，制度驾驭人性"的人本管理，用激励和规范的方法使被管理者能够按照自己的意愿去行事，方能达到事半功倍的效果。

复习思考题

1. 人们常常认为计划和控制是一个系统，这种表述成立吗？
2. 什么叫前馈控制，它对管理人员有什么重要作用？
3. 如何制定控制的标准？
4. 如果请你为一家公司制定一个"量体裁衣"的控制系统，你将会怎么办？你还需要了解些什么情况。

📁 **案例分析**

老年公寓的护理员工作与绩效控制

唐山福星公寓是唐山市一家民营养老机构。

公寓组建以来，在政府有关部门和社会各界的大力支持和关爱下，企业有了长足的发展。公寓在抓硬件完善的同时，狠抓爱心服务的软件建设，使服务质量逐年上升，管理科学规范。良好的设施及服务，强力地吸引着空巢家庭、孤寡及生活不能自理的老年人，他（她）们纷纷从寂寞无助的家中来到公寓享受集体生活的快乐。公寓的护理人员多是40~50岁的妇女，多数为文化程度不高的下岗职工，面对家里上有老、下有小的生活境遇，一心就为了打工赚点钱，贴补家用，已经没什么事业心了。经过培训后上岗，刚开始虽然工作中有不怕苦、不怕累、不怕脏、不怕麻烦的精神意识，但时间一长工作懈怠、互相攀比、抱怨工作累、赚钱少，护理工作也是多有投诉。

福星公寓领导经过开会、分析研究、实验，出台了一项措施。护理员按人分包老人护理，定量、定人，每人每班负责8个老人，适当提升工资。凡出现老人投诉情况，就加护理员，但工资不变，一个人的工资变成两个人分，再不行就再添人。结果护理人员责任心强了、工资收入提高了，老人投诉少了，养老服务品质提升了。

【问题】

（1）他们采用的是哪种控制方式？

（2）这种控制养老服务投诉率方法收到良好效果，为什么？

（3）你认为这种方法还可以再改进吗，为什么？

实 践 训 练

【实训项目】团队户外耐力跑。

【实训目的】掌握、体验并应用管理控制工具，感悟群体控制、绩效控制的方法。

【实训内容与组织】把学生分成15~20人一组的团队，在户外操场统一组织5000米团队耐力跑，规定奖励个人前三名，总成绩以团队最后一名队员到达终点所用时间，为团队成绩。

【实训考核】要求每个团队所有成员必须在15分钟内全部到达终点为合格。

团队最后一名队员到达终点所用时间，为团队成绩。

【经验分享】每团队派一名队员作总结，谈活动成绩、效果、感悟与管理控制的关系。

第八章 企 业 文 化

学习目标

1. 掌握文化的概念、了解文化的特征。
2. 了解企业文化的产生背景。
3. 掌握企业文化的概念和构成。
4. 掌握企业文化的功能。
5. 掌握企业文化的塑造途径。

【案例 8.1】

IBM 公司的企业文化

IBM 公司的全称是美国国际商用机器公司，其前身是 1911 年在纽约成立的 CTR 公司。经过近一个世纪的发展，到 1999 年 IBM 在《财富》杂志全球 500 强企业排行榜上已名列第 14，营业收入额 816.67 亿美元，利润 63.28 亿美元，资产额 861 亿美元。

IBM 的企业文化随着企业经营战略和组织结构的变化而不断变革。20 世纪 50 年代中期由集权变为分权，废除蓝领与白领的区别。80 年代实行战略重组将所有的销售部门归并到信息系统联合部，尽量了解顾客信息特别是顾客多种特殊的需求，让技术专家直接参与市场营销。公司最早提出 "为职工利益、为顾客利益、为股东利益" 的信条后又改为 "尊重个人、竭诚服务、一流主义"。公司以乐观、正直、开朗、进取的精神塑造了 IBM 自己独特的企业文化。公司的创始人托马斯·沃森把 "营销导向" 作为企业理念，关心用户、关心社会成为公司价值观的支柱。IBM 倡导公司经营的各个环节都要直接或间接地参与营销；从公司各级领导到各制造厂的工人都要接受企业规章制度的严格培训；把 "服务至上" 和 "IBM 就是服务" 的理念灌输到每一个员工的思想之中；不把产品卖出作为服务的终点和最终目的，而是以与用户建立持久良好的关系作为成功的标志。公司要求全体员工对用户提出的问题必须在 24 小时内给以落实或答复。

IBM 的公司宗旨是尊重人、信任人，为用户提供最优服务及卓越的工作。尊重人就是尊重用户和员工的权利和尊严，帮助他们自我尊重；信任人就是发挥职工的自觉性和创造力；追求卓越就是尽力以最优的方式达成结果和尽可能完美。IBM 作为高科技企业高度重视企业文化和人力资源开发。公司提出必须满足职工的安全感、职业保障等心理需求，因而报酬必须有很强的刺激性和激励性，对特别需要嘉奖的职工一定要给予物质上和精神上的奖励。IBM 公司在几十年的经营中形成了一种良好服务的企业文化，公司的历届总裁都认为良好的服务是打开计算机市场的关键。IBM 就是要为顾客提供全世界最好的销售服务，对每一个服务都周密安排，赢得了用户的广泛好评。IBM 是世界上最早导入 CI 的企业之一，它成为蓝色巨人而被全世界的广大用户所接受，不仅是因为有良好的视觉形象更重要的是它的服务理念。在公司员工看来 "IBM 就是服务" 不仅是一句广告语而且是一个行动命令。它要求全体员工用最佳的服务赢得消费者，这样才能达到视觉系统导入 VI 和理念系统导入 MI 的一致性。

任何一个组织都有体现自身价值和特色的文化，优秀的组织文化对组织的生存与发展有着强大的推动作用。本章主要研究企业文化的基本理论，以及如何建设优秀的企业文化等问题。

第一节 企业文化概述

一、企业文化理论的兴起

管理理论的发展，经历了一个漫长而曲折的过程，形成了众多的理论和流派。进入 20 世纪 80 年代后，在管理的"理论丛林"中，又出现了企业文化理论，给现代管理理论带来了新的生机与活力。

从 20 世纪 70 年代开始，美国经济受到西欧和日本的严重挑战。日本在资源严重缺乏的情况下创造的经济增长奇迹，引起了许多美国学者的研究兴趣，到 20 世纪 70 年代后期形成了美日比较管理研究热潮。随着这种研究的日趋深入，"文化力"较之于"经济力"，越来越受到人们的广泛重视，对它的研究最终发展成为一种新的管理理论——企业文化论。

二、企业文化的概念及构成

企业文化是指企业在生产经营实践中自觉形成的一种基本精神和凝聚力，是企业全体职工认同和信守的价值观念、理想信仰、企业风尚和道德行为准则。它主要包括以下含义：

（1）企业环境。是指企业所处的社会环境和经营环境。环境往往决定了企业的行为特征，它是建立企业文化的前提。

（2）企业团队精神。企业作为一个集体，必须对员工进行团队精神的培养和教育，树立自己独特的精神风貌。这种精神支持着企业每个成员的意志，使之协调工作，不遗余力地为实现企业目标而工作。

（3）价值观念。是指企业成员所认同和共同遵守的，对自己企业生存发展和从事生产经营活动的有效性在思想、感情、信念和观念上的取向准则，是辨别是非的标准。价值观是企业精神的核心，它反映了企业的性格，能给职工以心理上的激励、约束和行为上的规范。为了实现企业共同目标，企业职工宁愿放弃自己的价值观而自觉遵守企业的价值观。

（4）英雄模范人物。他们是企业职工仿效的榜样，多数是企业的创业者和长期贡献者，在长时间的艰苦奋斗中，他们的思维方式、言行举止、爱好习惯，往往体现出企业推崇的价值观念，对企业文化的形成与强化，起着重要的作用。

（5）文化仪式。是指企业中日常的文化活动，包括各种表彰、奖励、聚会以及文娱活动等。这是塑造企业文化所必不可少的，需要企业精心设计。

（6）群体意志。是指通过将企业共同价值观向个人价值观的内化，使企业在理念上确定一种内在的、自我控制的行为标准，使员工对企业所承担的社会责任和企业的目标有透彻的领悟与深刻的理解，从而自觉地约束个人的行为，使自己的思想、感情和行为与企业整体保持相同的取向，成为企业的群体意志。

三、企业文化的功能

优秀的企业文化，能够使企业成为一个高凝聚力的组织，使人们在共同的价值观念的指导下自觉能动的从事各自的工作，雇员不再是雇主为提高劳动生产率而利用的对象，个人目标与企业目标自然地融为一体。

（1）导向功能。企业的每个职员，都有不同的习惯、爱好和个性。但是，每个企业都有其特定的目标，如果有良好的企业文化，就会使职工在潜移默化中形成共同的价值观念，自觉地向着企业的目标努力，为企业的发展贡献出智慧和力量。

（2）自控功能。企业文化用不成文的厂风、厂貌、文化习俗和行为规范启发和引导着员工，使员工在潜移默化中接受共同的价值观念，启发和增强员工自我约束、自我控制的意识和能力，起到法规制度、监督、检查、奖惩所不能起到的作用，形成"领导在和不在一个样，有人检查和无人检查一个样"。

（3）凝聚功能。当一种文化中的价值观念获得其成员的认同之后，它就会成为一种黏合剂，从各个方面、各个层次将其成员团结起来，使企业具有一种巨大的向心力，使职工有一种归属感。这种向心力和归属感可以转化为强大的推动力，促进企业的发展。

（4）融合功能。企业文化能在职工的日常工作、休息中对他们的思想、性格、情趣产生影响，改变职工固有的思维定式和行为模式，并促使其相互沟通、理解，产生融洽的情感，创造良好的氛围，使职工愉快地成为集体中的一员。

（5）激励功能。企业文化的中心内容是尊重人、相信人、非理性的感情因素，并以此为出发点来协调和控制人的行为，因而能最大限度地激发企业员工的积极性和首创精神，使之为实现企业目标而努力奋斗。

（6）塑形功能。优秀的企业总是向社会展示自己良好的管理风格、经营状况及积极的精神风貌，从而塑造出良好的企业形象，以赢得顾客和社会的承认与信赖，形成一笔巨大的无形资产。

四、企业文化的核心——企业精神

企业精神是指通过企业广大职工的言行举止、人际关系、精神风貌等表现出来的企业基本价值取向和信念。它是企业文化建设的目标和结晶，是企业发展的强大精神动力，通常用简洁而富有哲理性的语言来表述。如松下的企业精神：产业报国的精神、光明正大的精神、团结一致的精神、奋斗向上的精神、礼仪谦让的精神、适应形势的精神、感恩报德的精神。又如海尔的企业精神：敬业报国、追求卓越。

企业精神一旦得到广大职工的认同，就会成为一种独立存在的意识、信念或习惯，使职工产生强烈的责任感与使命感、贡献感与开拓感、归属感与群体感、荣誉感与自豪感等，促进企业目标的实现。其对企业生存和发展的主要作用表现在以下几个方面。

（1）企业精神有利于企业目标的实现。优秀的企业精神所创造出来的良好文化氛围，能够使企业员工精神振奋、充满生气、积极进取、立志奉献，追求较高的理想和目标，从而有利于企业目标的实现。

（2）企业精神有利于提高企业在市场上的竞争力。在良好文化氛围中工作的人们，心情舒畅，畅所欲言，有较强的满足感和归属感，他们愿意为企业献计献策，贡献他们的创造力，使企业在市场竞争中立于不败之地。

（3）企业精神有利于对企业实施有效的控制。通过企业精神被个人吸收、同化来引导人们的行为，比单纯对员工说教和强行管束要理想和有效得多。

五、树立企业精神的途径

企业精神具有强烈的个性特征。富有鲜明个性的企业精神并不是自发形成的，它需要有意识地树立，深入持久地强化。

（1）反复宣传、统一思想。反复向员工宣传企业的目标、企业的优良传统与企业的历史使命等，并在此基础上统一职工的思想。

（2）建立完善的规章制度。把企业精神置于相应的规章制度之上，运用行政手段使企业精神得以强化。

（3）发挥榜样的示范作用。利用模范人物所特有的号召力、影响力、感染力，塑造优秀的企业精神，培养职工良好的价值观念，形成和睦、平等、互助和团结友爱的良好氛围。

（4）吸取国内外企业精神的精华。

（5）树立以人为中心的管理思想。企业只有关心人、爱护人、尊重人、信任人，员工才会以百倍的干劲来报效企业，形成企业的力量源泉。

（6）把培育企业精神渗透在各种生动活泼的宣传教育形式中。宣传教育的形式对宣传教育的效果有非常重要的影响，必须选取群众喜闻乐见、寓教于乐、容易接受的宣传形式，避免种种说教式的俗套。

第二节　企业文化的塑造

企业文化的塑造涉及组织的方方面面，是一个复杂的系统工程。一般来说，在进行企业文化塑造时，一定要有明确的目标，遵循一定的基本原则，按照一定的步骤，掌握一定的途径逐步完成。

一、企业文化塑造的目标

目标是想要达到的境地或标准，企业文化建设的目标是企业文化塑造在一定时期内预期达到的成果。

1. 企业文化塑造的总体目标

我国企业文化建设的总体目标应确定为：建设在社会主义市场经济中能够实现持续发展的、竞争力和创新力极强的企业。

企业文化根植于一定的社会环境中，不能脱离社会条件去主观地塑造。我国仍处于社会主义初级阶段，处于社会、经济体制、经济增长方式转型时期，要完善社会主义市场经济体制，促进生产力的发展，在所有制结构上以公有制为主体，多种所有制相结合；在分配制度上，以按劳分配为主体，多种分配形式相结合；在宏观调控上，把人民群众的当前利益与长远利益、局部利益与整体利益结合起来，更好地发挥计划与市场两种手段的长处。在这样的社会条件下塑造企业文化，必须使之符合社会主义市场经济的要求，要有营利思想，还要主动承担社会责任；要有产品创新、市场开拓，又要遵守职业道德；要鼓励先进，提高效率，又要提倡爱国、爱企、团结、互助、奉献。

2. 企业文化塑造的具体目标

在总体目标的规范和约束下，企业文化建设的具体目标应包括下述 5 个方面内容：

（1）企业获取较好的经济效益，并为国家和社会作出贡献。

（2）提高企业的知名度和美誉度，树立良好的企业形象。

（3）创造一个和谐、向上、团结、互谅、互助的既有竞争又有巨大包容性的内部环境。

（4）企业员工的物质文化生活需求得到逐步满足，并为他们的高层次需求的实现创造条件。

（5）全面提高员工素质，挖掘员工潜能，提升个人价值。

二、企业文化塑造的原则

1. 企业文化塑造的一般原则

企业文化塑造的一般原则是：以马克思主义、毛泽东思想、邓小平理论和"三个代表"重要思想为指导，全心全意依靠企业职工，把中华民族优秀企业文化传统和社会化大生产规律结合起来，把社会主义制度和企业的现代化管理结合起来，从中国实际出发，借鉴世界各国企业文化的精髓，建设有中国特色的社会主义现代企业文化。

2. 企业文化塑造的具体原则

（1）以市场为导向。坚持市场导向是企业文化塑造目标确立的前提，离开了市场导向任何目标都毫无意义。以市场为导向就是以市场的发展，市场的需要和市场的要求为依据。

（2）以发展为主题。每个企业都有明确、远大的目标，使员工的工作与企业目标紧密联系在一起。企业要具备卓越的精神，永不满足，以创造促发展，以发展求卓越。企业文化要把企业发展的总体方向和发展目标体现出来，融合到企业文化塑造中去，强调企业的长远发展、可持续发展和出类拔萃。

（3）突出个性化。个性就是特色，就是形象，就是与众不同。企业文化建设必须避免雷同，千篇一律是企业文化的大忌。

（4）价值原则。价值观是企业文化的核心，每一个企业都必须有一个共同的价值观念，企业员工都应在共同行动中信守统一的价值标准。

（5）企业家先行。优秀的企业文化，是企业家德才水平、创新精神、事业心和责任感的集中展示。因为优秀的企业文化都是企业家在长期的生产经营实践中自觉塑造和培育形成的。因此，企业文化塑造必须注意发挥企业家的作用，把企业家的个性与魅力融入企业文化建设过程中。

（6）员工参与。员工是企业的主体，是企业价值和使用价值的创造者和实现者。员工要参与管理，参与决策，参与企业文化塑造，发挥他们的主动性、创造性。这既有利于企业文化的形成，也有利于企业文化的贯彻执行。

（7）亲密互信。企业既是封闭系统，又是一个开放系统，受诸多因素的影响。要在组织与个人之间、管理者与职工之间、上级与下级之间建立起亲密的、朋友式的关系，员工之间彼此信任，真诚相待，建立企业员工的企业归属感，满足员工的情感需要，形成一个融洽的整体环境。

（8）统一原则。企业是一个系统，应该是一个统一体，文化建设的内容也应该是一个统一体。企业文化塑造应坚持"四个统一"：物质性与精神性相统一；民族性与国际性相统一；个性与共性相统一；职工主体作用与企业家主导作用相统一。

三、企业文化塑造的内容

企业文化塑造是一项系统工程。这项工程可以从以下 8 个方面入手：

1. 物质文化建设

首先要重视产品和服务质量的改进与提高工作，这是表层文化建设的核心；其次是加强企业的基础设施建设，美化企业的厂容、厂貌、店容、店貌；再次是注重产品和服务的商标和包装设计，注意广告宣传的有效性，优化企业形象，增强企业产品和服务的竞争力。

2．精神文化建设

深入研究和挖掘民族文化的优良传统，积极吸取现代文化和外民族文化的优秀成果，处理好传统文化与现代文化、民族文化与外来文化的关系，建立适合本企业的价值观念体系，创建有本国特色、本企业特色的企业文化。

3．行为文化建设

第一，注意人力资本的培育和积累，增加投资，加大人才的培养和引进力度，加强员工教育和培训；第二，要注意经营管理的科学性和效益性；第三，加强员工作风和精神风貌的活力的培植；第四，建立良好的人际关系环境，为员工提供更多的参与管理、参与文化建设的机会，即使奖励员工，注重发挥非正式组织的作用；第五，搞好员工的文化娱乐体育活动，引导员工发展自己的个人兴趣，提高员工的综合素质。

4．组织体系建设

注重企业领导体制的适用性，强调企业组织体系的科学性和组织机构的合理性。坚持有利于企业目标实现的原则，不照搬其他企业的组织结构；企业管理制度必须成体系，包括生产管理、人事管理、民主管理制度；还要实行规范化、系统化，强调可操作性和可执行性，关键是持之以恒，落实到人，落实到位。

5．价值观念建设

建设企业价值观念应注意以下4点：

（1）确立与整个社会的正确价值导向相符合的企业价值目标。

（2）在社会的正确价值观念的指导下，根据企业的性质、规模、类型、职工素质、经营特点、历史变革等因素，来选择适当明确的价值目标及内容，并随着客观环境和企业内在因素的变化，不断注入新内容。

（3）企业在确立自身价值目标、标准及实质内容的过程中，要同时树立既反映时代精神又表现出本企业特色，既体现企业领导人的精神风貌又集中反映广大职工群众意识的企业精神。

（4）企业价值观念和企业精神必须具体化为一系列原则，使企业领导者和职工都可以具体操作，并体现在企业行为中。

6．行为规范建设

企业行为规范包括企业制度和道德守则两个主要部分。

（1）树立和强化现代企业制度观念和道德观念。

（2）发掘企业优秀道德意识、行为和习俗，确立正确的企业行为规范。

（3）企业行为规范的执行。

7．环境建设

现代企业的生存和发展离不开环境，包括内部环境和外部环境。现代企业文化固然需要有一个净化的社会环境、稳定的政治环境、发展的经济与科技文化环境，但从某种意义上讲，更需要一个良好的内部环境。营造良好的企业小环境的目的是培养人才，搞好搞活企业。营造优良的"小气候"环境当前主要应做好以下4项工作：①创造有活力的经营环境；②优化心理环境；③建立平等和谐的人际环境；④美化生产和生活环境。

8．形象建设

企业形象战略简称CI战略，在CI理论中，企业形象作为一个整体成为企业识别系统，它由三个基本要素组成，即企业理念识别（MI）、企业行为识别（BI）、企业视觉识别（VI）。例如，雅戈尔从 1991 年以来做过三次 VI（视觉文化）导入，前后有三个不同的标识，1991 年以一个圆形图案加一个"Y"，1993 年改为一个椭圆形中间加一个"Y"，1994 年又增加了一个"I"（表示争创一流）下面加英语转形 Youngor（表示永葆青春）。从 CI 本意来说，企业标识应当统一，因此有必要进行整合。

根据一些企业的实践经验在进行企业 CI 策划，加强企业形象建设中，普通重视做好以下 3 方面的工作：①明确贯彻企业形象的策划和实施原则；②以产品质量和服务质量为塑造企业形象的重点；③搞好企业全体成员的岗位塑形。

四、企业文化塑造的步骤

根据我国一些企业的经验，企业文化建设的一般程序和方法分以下 4 个步骤。

（一）调研分析

为了使企业文化建设切合企业实际，必须首先对企业的文化现状进行深入、系统的调查研究和现状分析。

1. 调研提纲

调查研究提纲是开展调查的依据，它的质量直接制约着调查的研究水平。因此，精心设计、拟定一个便于操作的提纲是一个十分重要的环节。

2011 年，国家发改委经济体制与管理研究所设计了一个包括调查目的、调查对象、调查方法和调查基本内容的现代企业文化现状调查提纲。调查的基本内容涉及 10 个方面的情况，即企业环境、企业精神、企业领导者、企业员工素质、企业思想政治工作、企业战略、企业制度和组织机构、企业人力开发、企业凝聚力、企业形象等。

2. 调研技巧

企业开展文化的调查，要注意调查对象的广泛性和代表性，要帮助他们了解调查的意义和目的，解除顾虑，认真回答有关问题或提供有关资料。

3. 整理分析

在调查的基础上，要对大量资料和数据进行分类整理和深入分析，全面把握企业的现代企业文化现状、优势和经验，找出存在的主要问题与薄弱环节，并写出企业文化现状的调研分析报告，作为下一步有的放矢地开展企业文化塑造的重要依据。

（二）战略规划

在调研分析的基础上，企业可以提出进行现代企业文化建设的基本框架和思路，包括以下内容：

1. 本企业的文化构成

它包括构成要素、各要素的具体内容、各要素在企业文化整体中的地位，以及它们之间相互关系、相互作用等。从中抓住影响全局的主要矛盾，并提出解决矛盾的思路和措施。

2. 确定核心内容

企业文化的核心内容应是企业价值观念和企业精神。这也是企业文化建设的基本框架和努力方向。为此，在企业现有文化的基础上，根据本企业特色，发动全体成员参与企业文化的设计。

3. 进行文化建设

进行企业物质文化、制度文化的建设，从硬件设施和环境因素方面作准备。

4. 倡导、强化

通过各种途径向企业员工进行企业文化深层的价值观念的导入与渗透，获得员工的理解、认同和支持，使之约定成俗，贯彻到员工的思想深处和行为方式上。

（三）重点切入

在我国进行企业文化塑造，多数企业都是在发扬优秀传统文化的基础上进行的。改革开放以来新创办的一些企业，有的在创办的同时就开始了企业文化建设。

无论是老企业还是新企业，在一定的现代企业文化理论和目标模式指导下，都存在选择企业文化切入点的问题。归纳多数企业做法，选择切入点的方法有以下 3 种：

（1）从企业面临的主要矛盾入手，寻找切入点。有的企业产品质量不高或服务水平较差，竞争能力不强；有的企业管理混乱，效率低下，浪费严重；有的企业人心涣散、士气低落；有的企业人际关系不协调，能量内耗等。这些企业就从解决企业面临的上述某一方面问题入手，倡导某种正确的价值观和精神，建立良好的企业行为方式，纠正不良思想和行为。这样做容易收到良好效果，并能增强和扩大现代企业文化的影响力。

（2）从企业的优良传统入手，选择切入点。企业的优良传统是企业历史上形成的文化精神和闪光点，包括经营管理经验、思想政治工作经验、企业作风、习俗、英雄人物等，抓企业这些闪光之处，继承发扬形成企业文化的生长点和建设的切入点。

（3）以企业环境的重大变化、组织结构的重大改组、制度的重大创新为契机，建设企业文化。

随着市场经济的深入发展，改革开放的深化，产业结构的调整和优化，企业的转机改制、改组改造，市场环境的急剧变化，选准切入点和切入时机，会大大降低企业文化塑造的阻力和难度。

（四）实践评价

经过对企业文化现状的深入系统调查研究和分析，确定了企业文化建设的基本框架和思路，选准了企业文化建设的切入点之后，就要付诸实施，并对实施效果进行评价、提高与发展。

1. 实践、提高

在我国的现实条件下，在实践中应以新的价值观作指导，进一步把感性的东西上升为理性的东西，把实践的东西变成理性的东西，把少数人的看法变成全员的观念，不断提高企业文化的层次。具体要注意以下 6 个问题：

（1）必须切实尊重职工的企业主体地位，充分发挥员工的积极性和创造性。

（2）坚决维护职工的合法权益，保障他们的民主权利。

（3）进一步发挥工会的作用，实行民主决策、民主管理和民主监督，强化民主监督管理的作用。

（4）全面提高职工素质，保证企业的产品和服务质量。

（5）适应社会文化的要求，积极为社区、社会和国家作出应有的贡献。

（6）充分吸收我国传统文化的精华。

2. 评价、指标

根据党和政府的决定、要求，我国的一些学者积极进行企业文化评价体系的研究，提出了一些指标和标准，可参考执行。国家发改委经济体制与管理研究所和中国人民大学外国经济研究所"企业文化评价的指标体系"课题组提出的指标主要有企业经济效益、企业成员满意度、企业成员素质、整合度。

3. 适时发展

在企业不同的发展阶段，企业文化应有不同的内容、不同的风格，应当根据形势的发展和需要，使企业文化在不断更新、重塑和优化。

五、企业文化塑造的误区

在实际操作中，企业文化塑造存在不少误区，主要有以下表现：

1. 企业文化塑造的非系统性和盲目性

企业文化塑造是一项系统工程，必须经过仔细的研究、论证及系统规划。但是，有些企业并没有从组织经营发展的角度来考虑导入适当的价值观体系，或者有些企业干脆由领导者心血来潮随口决定组织精神口号，或者是为了赶时髦而东拼西凑形式上的企业文化，搞形式主义。这些做法对企业是很不利的。要克服这种盲目性，关键在于决策者要将组织文化塑造当作与组织战略相一致的长期系统工程来对待，绝不能随心所欲地进行。

2. 企业文化"高、大、空"

也许是受中国传统思想的影响，部分组织的文化价值观念口号总有一种"高、大、空"的倾向，如"团结、奋斗、拼搏、创新、争创一流"、"以人为本，追求卓越"、"厂兴我荣，厂衰我耻"、"今天不努力工作，明天努力找工作"等千篇一律的口号，这样又怎能发挥其激励作用呢？企业文化塑造必须遵循从实际出发的原则和激励性的原则，以企业的历史、现状和经营特色为基础，以力求使员工感到自豪和乐意为这个信念努力工作为目的，坚决克服"高、大、空"的思想。要走出企业文化塑造的误区，必须克服盲目性和"高、大、空"的形式主义以及与实际行动不符的一切口号，有计划、有步骤、实实在在地塑造好企业文化。

3. 企业行为与公开宣扬的价值观念不一致

有些企业的实际行动会与口头宣扬的价值观不一致。这种行为的危害是十分明显的，它往往会直接危及公众对企业的信任感和员工对组织的忠诚，令员工无所适从，使企业文化塑造的作用适得其反。在这种氛围下，良好的企业文化就很难确立。

4. 不能持之以恒

很多企业往往是在走投无路的情况下打着变革与创新的旗号，希望加快企业的变化。但通过变革和创新，不但没有令公司得益，反而加速了公司的衰亡。例如，有些组织说，今年我们要"以人为本"；到了明年又说，我们要"科技领先"；后年又"绿色环保"，再变成要"服务第一"，再后来又可能是"质量第一"……他们没有意识到一个根本的文化内涵问题以及文化的持续性问题。

本 章 小 结

企业文化的兴起"源于美国，根在日本"。企业文化是指企业在生产经营实践中自觉形成的一种基本精神和凝聚力，是企业全体职工认同信守的价值观念、理想信仰、企业风尚和道德行为准则。其含义包括企业环境、企业团队精神、价值观念、英雄模范人物、文化仪式、群体意志。企业文化的功能有导向功能、自控功能、凝聚功能、融合功能、激励功能、塑形功能。

企业文化塑造的原则：①一般原则：以马克思主义、毛泽东思想、邓小平理论和"三个代表"重要思想为指导，全心全意依靠企业职工，把中华民族优秀企业文化传统和社会化大生产规律结合起来，把社会主义制度和企业的现代化管理结合起来，从中国实际出发，借鉴世界各国企业文化的精髓，建设有中国特色的社会主义现代企业文化。②具体原则：以市场为导向、以发展为主题、突出个性化、价值原则、企业家先行、员工参与、亲密互信、统一原则。

企业文化塑造是一项系统工程。这项工程可以从以下 8 个方面入手：物质文化建设、精神文化建设、行为文化建设、组织机构和制度建设、价值观念建设、行为规范建设、环境建设、形象建设。

根据我国一些企业的经验，企业文化建设的一般程序和方法分如下 4 个步骤：调研分析—战略规划—重点切入—实践评价。

在实际操作中，企业文化塑造存在不少误区，主要有以下表现：企业文化塑造的非系统性和盲目性、企业文化"高、大、空"、企业行为与公开宣扬的价值观念不一致、不能持之以恒。

【阅读材料】

企业文化的"力量"

企业越大，分权越多，而世界著名企业均有着令人惊奇的能力将众多的分枝机构管好。如果没有优秀的企业制度，一切都是不可能实现的。世界上最成功最出名的案例，莫过于麦当劳快餐店。

麦当劳快餐店开遍全球，各地都可品尝到一样可口的牛肉饼、感受到一样优质的服务，因为全球麦当劳都有着同样的企业文化。雷·克洛用三个大写字母表示麦当劳的成功秘诀，即 Q·S·C，Q 是 Quality（品质），公司要提供高质量的食品；S 是 Service（服务），公司要提供一流的服务；C 是 Cleanliness（清洁），公司要保证清洁卫生。这些理念又是通过严格的企业制度得以实现，比如口味一致的牛肉饼，要求饼重 1.6 盎司，3.78 英寸宽，煮熟后缩小 0.221 英寸，上面浇 0.25 盎司的洋葱，盖上芥末泥、番茄酱和一片酸黄瓜，然后全部塞进一块小面包中。为保证各分店风格一致，总公司不允许分店擅自尝试新花样，还有地区顾问随时检查。如果分店不按总店要求提供食品和服务，将被取消经销权。当然，为了适应不同地区的口味，总店也允许有一些改动，但新花样都是在实验室做了无数次实验后，才向该地区统一推出。

复习思考题

1. 如何理解企业文化？
2. 企业文化是怎样影响企业管理者和员工的行为的？
3. 简述企业应如何构建企业文化。
4. 中国企业文化建设应确立什么样的目标？应遵循哪些指导思想和原则？

📁 案例分析

科 龙 企 业 文 化 塑 造

科龙集团简介

这家位于中国广东顺德的企业，从手工敲打的 3 台冰箱起步，以年均近 41%的幅度快速增长，到 1996 年底，已成长为亚洲最大的冰箱生产厂，无独有偶。就在此后不久，在向来须由中国银行担保才给中同企业贷款的香港银行、日本住友银行、美洲银行等 14 家国际金融财团，仅凭科龙集团总经理潘宁一个签字，就提供了一笔高达 7000 万美元的 3 年期低息贷款，参与贷款的渣打银行威尔森先生说："科龙在电冰箱行业也很有竞争力。"金融家们是十分谨慎的。早在 1995 年，科龙就跻身世界冰箱十强；1996 年，由第九跃为第五。1999 年，科龙销售"容声"牌冰箱 248.88 万台，在世界几大冰箱生产企业中的排名又前进两位。2000 年其年产值达 89 亿元，利润额 6 亿元。企业经营项目围绕制冷技术，涉及冰箱、空调、冷柜，是亚洲最大的制冷企业，拥有员工 12 800 人，在广东、四川、辽宁等地建立生产基地，在日本、美国设立研究中心，在香港建立了信息总部。

科龙塑造企业文化

科龙高层意识到了文化的作用并作出战略部署，科龙 1.2 万名员工一起"耕心"，科龙把这一工程命名为"万龙耕心"，其用心良苦可见一斑。

科龙企业文化塑造工程分四个阶段：

第一阶段：经营文化明确化

（一）文化观念沟通

目的：赋予全体职工使命感并活络整个计划，加强企业文化深度认知，将企业文化效果延续扩大。

项目：①成立推行委员会，由总裁亲任委员会主任。②开设企业文化训练课程，由推行委员会进行训练。

文化战略沟通

目的：集团营运调查与研讨活动相结合，让企业文化共识达至巅峰。

项目：①定性定点调查。包括最高领导阶层个别访谈；推行委员个别访谈；关系企业领导个别访谈；关系企业中级主管座谈会；职工代表座谈会。②文化研讨营活动，进行三天两夜文化研讨营。

（二）经营文化定位

目的：以集团文化完成指标。将企业文化策略的结论归纳与分析后，以文字建立共识与了解。

项目：①经营文化策略建议书。内容为文化策略结论报告。②经营文化策略定位。内容为企业文化策略指标报告。③企业标语活动。包括内部精神口号、集团企业标语。

第二阶段：企业文化深植化

目的：借宣传活动等载体将企业文化灌输给每一位企业员工，成为全员共同遵守和奉行的价值观念、基本信条和行为准则。

（三）企业文化制定

内容：企业文化指标总结，包括：企业价值观；企业行为信条；企业组织管理。

（四）企业文化宣传

内容：企业内部媒体信息交流，包括：发行定期刊物；建立信息走廊；设置意见箱。

（五）企业文化推广

内容：企业内部文化活动，包括：体现企业价值观；体现企业行为信条；体现企业组织管理。

第三阶段：精神文化共识化

（一）行为规范

（1）行为规范建立：

目的：除了藉由视觉革新之外，更以人为出发点，革除职工不良习惯，建立优质行为规范，创造企业新风气。

①对内行为规范，包括全体职工对内行为规范制定。

②对外行为规范。包括全体职工对外行为规范制定。

③行为规范手册。将行为规范制定成标准手册。

（2）教育训练建立：

目的：透过策略研习，发展教育训练计划，严格训练，切实督导，认真考核，使全体职工皆能符合标准行为规范。

①建立教育训练制度，包括全体职工教育训练制度拟定。

②教育训练手册，将教育训练制定成标准手册。

（二）组织管理气氛

目的：通过组织管理原则的建立，使管理规范化、统化。

内容：企业各级组织管理制度拟定。

项目：建立组织管理制度。

第四阶段：企业文化推广化

（一）企业活动

目的：以企业文化为主题，对内外充分展示成果并造成话题，将科龙集团全国知名度推至最高点；配合企业活动开幕前中后期做强势宣传，将企业文化的知名度提到最高点。

企业文化导入实施计划。包括：协办单位征选；执行教育训练；集团节庆活动暨企业文化发表会；企业文化发表串联活动。

企业之歌及企业音乐征选。包括：企业歌曲的命名、谱曲、填词选拔活动；内外部公开征选活动。

宣传多元化。包括：公关活动、造势活动、公益活动、EVENT、SP 促销。

（二）AD 广告宣传策略

目的：透过不同的媒体，拟定策略，传达至不同的特定对象，做全方位沟通，迅速建立起企业文化。

文宣刊物发布。包括：公关企业海报、企业简介。

媒体广泛宣传策略。包括：电视形象广告；电台传播广告；CFENDING 制作、报纸、杂志、车厢、看版等平面广告、集团简介。

"耕心"不辍，耕耘不止，已经成为科龙人的共识，科龙人用自己的行动和努力完成了新旧文化的调适过程。

（资料来源：陈春花. 企业文化塑造［M］. 广州：广东经济出版社，2001.）

【问题】

试述科龙集团文化的特点。

实　践　训　练

【实训项目】运用所学习的理论知识，分析某企业的企业文化特色。

【实训目的】

（1）巩固和强化学生对企业文化理论知识的理解及深刻认识。

（2）锻炼并提高学生的独立思考能力，知识转化能力，发现、分析及解决问题的能力。

（3）具有初步的组织文化分析与设计能力。

【实训内容与组织】

（1）由5～8个同学形成一个小组，全面调查当地的一家企业的生产经营及管理的整体状况。

（2）运用企业文化的相关知识，分析该企业的企业文化特色及不足之处。

（3）从企业文化的构成来为该企业提出塑造企业文化的具体方案。

【实训考核】

（1）每个小组通过集体讨论研究之后，写出一份分析报告。

（2）在班级组织一次交流，每个组推荐两名成员谈谈管理的理论依据，并由一个代表谈该企业的企业文化建设方案。

（3）由教师与学生对各组所交材料与交流中的表现进行评估打分。

第九章 企业危机管理

学习目标

1．了解危机管理的基本特征。
2．掌握企业危机管理的基本程序。

第一节 危机管理概述

俗话说"天有不测风云，人有旦夕祸福"，企业经营也一样。在竞争日趋激烈、企业面临的外部环境瞬息万变的今天，危机管理问题就显得尤为突出了。而且随着公众意识的觉醒，企业的社会责任感越来越重要了。可以说，过去企业只要对股东或者员工负责，而现在企业面对的则包括股东之外的一系列利益相关者，如供应商、顾客、债权人、社会公众及其他的相关利益团体。所以，企业危机问题的影响将比以往任何时候都要深远。

一、危机的概念

在企业经营中，经常会遇到一些不稳定状态，如大量货款不能回收导致资金周转不灵而引起财务危机、产品受抵制、法庭起诉、信用下降等，此时企业急需改变这种状态，我们称之为企业面临危机。一般认为，当出现以下一系列情况时，就意味着企业中出现了一定的危机：工业事故；环境公害；团结问题；收回产品；与投资者关系不融洽；代理权之争；行政管理问题；恐怖事件；贪污行为；恶意颠覆行为；敲诈式危机等。

罗森塔尔和皮恩伯格的危机概念：危机是指具有严重威胁、不确定性和有危机感的情境。

二、危机的基本特征

1．危机的突发性

危机事件常常会在人们不注意的时候，更是在不愿意看到的时候突然发生。这种突发性可能是因为危机发生之前，人们对它一无所知，或者是人们长期以来一直关注着事件的发展，一时疏忽大意造成的。正是这种突发性导致了危机的不可预见性，于是，有的管理者认为面对危机，人们是无可奈何，更是不愿意对危机发生的可能性进行预测，贻误了许多妥善处理危机的机会。

2．严重危害性

尽管危机事件持续的时间不会太长，但是，如果处理不当，危机可能给当事人或组织带来严重的危害。它不仅会影响到企业具体目标的实现，甚至还威胁到企业的生存。国外不乏深受危机之害的知名企业。

【案例 9.1】

2013 年企业十大危机事件

1．青岛中石化输油管道爆炸

2013 年 11 月 22 日凌晨 3 时，位于青岛经济技术开发区秦皇岛路与斋堂岛街交会处的中石化管道公司输油管线破裂，原油泄漏。上午 10 时 30 分左右，管道公司和黄岛油库在清理油污过程中，开发区海河路和斋堂岛街交会处发生爆燃，距此地约 1 千米外的雨水管道末端入海口处发生原油燃烧。

事故共造成 62 人死亡。

2. 光大证券乌龙

2013 年 8 月 16 日 11 时 5 分，光大证券在进行 ETF 申赎套利交易时，因程序错误，其使用的策略交易系统以 234 亿元巨量申购 180ETF 成分股，实际成交达 72.7 亿元，引起沪深 300、上证综指等大盘指数和多只权重股短时间大幅波动。

8 月 30 日，中国证监会认定此事件构成内幕交易，对公司及有关责任人开出巨额罚单，开创了多项纪录。

3. 恒天然"毒奶粉"

2013 年 8 月初，新西兰乳制品巨头恒天然公布了有 38 吨浓缩乳清蛋白产品可能被肉毒杆菌污染，从而引发一场危机，恒天然随后展开预防性召回，涉及多个国家和地区。8 月底，事件发生逆转，新西兰初级产业部多次重新检测又发现，其中含有的是一般不会引发食品安全问题的梭状芽孢杆菌而非肉毒杆菌。

新西兰政府表示，今后将继续加大食品安全研究领域的投入。

4. 农夫山泉质量门

2013 年 4 月 10 日，《京华时报》报道称，农夫山泉瓶装水的生产标准还不如自来水，随后，《京华时报》进行了持续追踪报道。5 月 6 日，北京市质监局介入调查，农夫山泉桶装水因标准问题停产。同日，农夫山泉宣布已经向法院提起诉讼，要求《京华时报》赔偿名誉权损失 6000 万元。

浙江省卫生厅、省质监局透露，国家层面正在制定包装饮用水的通用安全标准，有望解决目前标准繁多而又混乱的现状。

5. 中储粮粮库火灾

2013 年 5 月 31 日下午，中储粮黑龙江林甸直属库发生大火，共有 78 个储粮囤表面过火，储量 4.7 万吨。其中玉米囤 60 个，储量 3.4 万吨；水稻囤 18 个，储量 1.3 万吨。中储粮黑龙江林甸直属库副主任罗洪权表示，预计直接损失大约 8000 多万元。

黑龙江省消防部门 6 月 3 日公布火灾原因和初步处理结果：大火系配电箱短路打火引发，9 名责任人被控制。

6. 康泰"疫苗事件"

2013 年 12 月 17 日，深圳一名新生婴儿接种乙肝疫苗 68 分钟后死亡。至此，近一个月时间全国已发生四起疑似"疫苗致死"案，涉案疫苗全都由深圳康泰公司生产。20 日，国家食药监总局、国家卫计委要求暂停使用深圳康泰公司的全部批次重组乙肝疫苗。

2014 年 1 月 17 日，国家食品药品监督管理总局、国家卫生计生委对问题进行了澄清，发布了关于乙肝疫苗问题调查结果的通报：综合现场检查、产品抽验结果、质量回顾分析以及病例调查诊断情况，未发现深圳康泰生物制品股份有限公司生产的乙肝疫苗存在质量问题。

7. 圆通"夺命快递"

2013 年 11 月 28 日，潍坊捷顺通快捷有限公司（圆通网络）运转中心工作人员在卸载由武汉发往潍坊的快件时，发生化学品泄漏，并在 48 小时内先后导致 5 名工作人员出现不同程度的中毒症状。事件发生后，公司违规自行对疑似污染快件进行隔离，并于 11 月 29 日将同一车次的快件投出，致使 3 名淘宝快件收件人中毒，1 名收件人 10 余小时后中毒身亡。

11 月 23 日，山东省邮政管理局对企业延误报告予以罚款 2.8 万元。

8. 同仁堂质量门

2013 年 5 月 7 日，香港卫生署公告称，一批名为同仁堂健体五补丸的中成药汞含量超标，要求同仁堂方面立即回收。公告称，该中成药用于成人调理身体，本不应含有汞。但经检测，其样本的汞含量约为上限标准的 5 倍。据公开信息显示，涉及汞超标的药品数量达 2400 盒。

据了解，2 年内同仁堂多款中药产品被监管部门或媒体曝光，8 次上质量问题榜。

9. 小肥羊假肉风波

2013 年 5 月 3 日，上海市工商局在"牧联国际冻品"的商户仓库内发现大量疑似掺假羊肉，而出货单记录显示，知名火锅连锁品牌"小肥羊"卷入其中，引发公众极大关注。掺假羊肉事件曝出后，不少消费者都表示震惊。

5 月 6 日，上海食安办主任阎祖强在接受媒体采访时透露，从目前掌握的情况来看，没有证据证明傣妹和小肥羊火锅店使用了掺假羊肉。

10. 沃尔玛狐狸肉冒充牛肉

2013 年 12 月 19 日，《济南时报》报道称，一消费者在沃尔玛超市买了五香驴肉、牛肉，因食用时发现肉质有问题，便通过有关部门检测，竟发现是狐狸肉。

12 月 23 日，沃尔玛发表声明，称对此事给公众带来的困惑深表歉意，公司在第一时间下架封存了该商品。

3. 舆论关注性

无论什么性质的危机事件，在其爆发时，会立即引起媒介、公众和相关组织及个人的关注，有关危机的信息的传播速度甚至比危机事件本身的发展还要快。只是不同的个体对危机关注的程度不同，其中最有影响的要数新闻媒介了，因为社会公众所接受的信息主要来自新闻媒介，而这些信息则深深地影响着公众对企业以及企业产品的看法。

4. 作用的二重性

从危机的定义可以看出，危机是危险与机遇并存，其关键取决于自己的判断和选择。所以，不能只是看到危机给人们带来的危害，更应该看到它有利的一面。要相信，只要处理得当，一定可以化险为夷，转危为安。

三、危机发展的 4 个阶段

危机的发展通常要经历 4 个阶段：前兆阶段、激烈阶段、持续阶段和解决阶段。

（1）危机的前兆阶段。前兆是危机向人们发出的警告，这时危机并没有真正发生，它只是预示着危机即将来临，但大量事实证明，它是危机事件的真正转折点，所以，也可以称之为"前危机"阶段。有时候，危机的前兆非常明显。但有的时候，前兆却不十分明显，让人难以作出判断。作为管理者应重视观察并认识到危机的前兆阶段，如果人们对这一阶段的到来熟视无睹，那么，危机的来势会更加凶猛，企业将为此付出更大的代价。如果危机能够被扼杀在襁褓之中，则其危害性最小。

（2）危机的激烈阶段。进入危机的激烈阶段后，危机就已经实际发生了。这一阶段不会自行消失，也不可逆转，只有管理人员通过努力使其得到妥善处理，才能消除危机。

（3）危机的持续阶段。危机的持续阶段发生在危机激烈化之后，它通常是指企业进行危机处理，即危机调查、自我分析以及进行各种恢复工作的时期。这一阶段对企业的影响最大，也是企业产生强大震荡的时期，如财务危机、人员调整、经营方向的改变等，当然，企业也有可能会破产或被竞争对手接管。如果措施不力或处理不当，危机会在企业中无限期地持续下去。

（4）危机的解决阶段。危机的解决是危机管理的最终目标，它是危机的前 3 个阶段的发展方向，但并不是所有的危机都能够得到妥善解决。如果危机能解决，企业就能够恢复到正常状态。

第二节 企业危机管理

危机管理在 20 世纪 80 年代得以迅速发展，因为许多企业认识到，面对不确定的和急剧变化的商务环境，自己太脆弱了，而危机管理可以用于对付混乱的态势。但是，据对《财富》杂志500 强企业的调查发现，有一半的调查对象承认并没有危机应对计划，甚至近一半有过危机经历的公司仍然没有危机应对计划。那么在面对企业经常出现的危机时，应该如何进行回应呢？

一、企业危机的概念和分类

在现代汉语中，危机有两种意思，一是指潜伏的祸根，二是指严重困难或生死成败的紧要关头。从中可以看出企业的危机是潜在的或者已经发生的，会对企业的效益、市场和声誉造成破坏的事件。危机按照性质分类包括以下 4 类。

（1）企业形象危机。由于不正当的经营方式、违背商业道德、损害他人权益、进行违法交易等行为而造成企业信誉下降，失去公众信任和支持的危机。企业形象危机是本质危机，企业会因此遭受巨大的经济损失，以及更为惨重的无形资产损失。

（2）企业经营危机。由于企业战略决策、生产经营、产品推广、人事管理、财务管理等方面的失误造成的危机。如巨人集团崩溃、旭日升冰茶败退、雀巢奶粉广告事件等。

（3）产品质量危机。企业产品质量出现问题或者产品存在对人体有害成分，损害了消费者利益甚至造成人身伤害，从而导致失去消费者信任、市场萎缩等后果的危机。如比利时和法国可口可乐中毒事件、康泰克 PPA 事件、东芝笔记本电脑事件、三菱帕杰罗事件等。

（4）意外事故危机。是指人们无法预测或者人力不可抗拒的力量，如自然灾害、战争、人为破坏、经济政策变化等，导致企业受到巨大损失的危机。如泰诺中毒事件、三株被告事件、诺基亚/爱立信供应商芯片厂大火事件等。

二、危机管理的概念

危机管理（Crisis Management）是企业在探寻危机发生规律、总结危机处理经验的基础上形成的管理范畴，指的是企业为预防危机发生、应对各种危机情境所进行的计划决策、解决处理、应急公关及员工训练等活动过程，其目的在于预防、减少或消除危机所带来的威胁和损失。

【案例 9.2】

圣元乳业"致死门"

2012 年 1 月 11 日，媒体报道江西都昌县一龙凤胎一死一伤，疑因食用圣元优博奶粉造成，消息一出，一石激起千层浪，将刚走出"激素门"的圣元乳业再次推向了舆论的风口浪尖。如何澄清事实，还原事件的本相，对于圣元乳业来讲这又将是一个不可回避的也无法回避的问题……最终，事情的结果如圣元所愿，圣元乳业成功化解了此次危机，但是通过圣元乳业的此次危机事件处置过程的解读，也可以给企业很多的提示。

事件回放：

2012 年 1 月 10 日前死者去世后，家属找家家福超市和圣元奶粉经销商，事件开启。

2012 年 1 月 10 日死者家属将死者尸体摆放在超市门前停尸问责，圣元江西分公司主动向当地工商和公安部门报案，事件升级。

2012 年 1 月 11 日圣元营养食品有限公司、客服部人员、生产总监表态积极配合相关部门调查，公司统一向外界发布信息。

2012 年 1 月 12 日圣元发布《20111112BI1 批次出厂检验报告》，所有检验项目检测结果均为"合格"，国际董事长兼 CEO 张亮表示，非常同情遭受了这一悲剧的家庭，与此同时，坚信这是与圣元产品无关的孤立事件，已决定不召回其任何产品。

2012 年 1 月 13 日第三方检测结果出炉，九江都昌县人民政府也对该事件发布公告，江西二套《都市现场》就事件采访了都昌县工商局秦局长，事情得以澄清。

此次圣元危机事件能够得到圆满结局，可以讲得益于在此危机事件的处理过程中，圣元乳业很好地把握了这些原则，并积极运用到该事件的处理过程中，具体表现在以下几个方面。

（1）在该事件发生伊始，当死者家属将尸体摆放在超市门口时，圣元江西分公司一方面主动向当地工商和公安部门报案，并配合派出所稳定家属情绪和配合当地工商部门进行产品的下架和封存工作，另一方面圣元公司对于家属小孩死亡表示非常痛惜，并称正等待检验结果，若是奶粉问题，绝对不会推卸责任。这种做法很好地运用了承担责任的原则，即对事件发生后就解决问题而解决问题，没有采取回避的态度，而是在对家属小孩死亡表示非常痛惜，同时强调不回避责任的态度，避过了舆论的矛头指向。

（2）在事件进入调查的过程中，圣元乳业通过各种途径传递出一个声音，避免了说辞不统一而让媒体误解的误区，如在事发后的第二天圣元营养食品有限公司生产总监穆喜森表示，该公司将会通过公关公司向外界统一发布信息，对此事不予置评；又如圣元营养食品有限公司称，目前所有关于该事件的最新进展都会在其官方网站公布。在此后对事件的进展情况的介绍圣元很好地把握了这个关键点，使真诚沟通的原则得以尽显。

（3）对于任何一个危机事件的处理速度是解决问题的关键，即危机发生后，首先控制事态，使其不扩大、不升级、不蔓延，在这一点上圣元乳业也做得恰如其分，从事件在媒体的曝光到事情的澄清，圣元乳业充分发挥了速度第一的原则。首先，从事件发生很短的时间里能拿到检测结果，并通过相关媒体、政府官员和政府予以公示，为平息此事件提供了最有力的证据，也是圣元乳业由被动转为主动，其速度之快不言而喻。其次，对于此次圣元事件网络的报道相对有限，尤其是一些知名的主流媒体采取了高度一致的克制，未出现过去先入为主的观念，这一方面表示媒体的成熟，另一方面也很好地说明了圣元在问题出现后与核心媒体之间的沟通，使此事件没有被扩大化传播，将事件的影响力限制在最小的范围，为事件的解决赢取了时间。

（4）过去很多企业在危机出现后，企业往往采取的方式或是自己为自己辩解，或是以企业一己之力为消费者澄清事实，或是只重视所谓的大媒体、大政府而忽略当地媒体、政府力量，在此次事件圣元采取的方式却有所不同，一方面圣元终身称自己的产品没有问题，并在2012 年 1 月 12 日通过公司网站公布企业《20111112BI1 批次出厂检验报告》，显示该批次奶粉根据 GB 10765—2010 检验出厂检验所列所有检验项目检测结果均为"合格"。另一方面圣元也积极借助外部权威主管部门或者机构力量来为自己验明正身。但是，与其他企业不同的是，在此次事件的解决中圣元没有忽略当地媒体和当地政府的作用而是积极依靠当地媒体和政府还原事件真相，在第三方检测结果出来后，圣元乳业先选择使用的是当地媒体江西二套《都市现场》播报采访都昌县工商局局长和九江都昌县人民政府对该事件发布公告的形式，借助当地政府官员和当地政府在百姓心目中的公信力为自己澄清事实。可以讲对该事件的澄清依靠当地主媒体，借助当地工商局局长的声明及当地政府发布的公告的处理方式，一方面充分地展现了圣元乳业发挥了权威证实的原则，另一方面相比较其他企业只重视所谓的权威媒体而忽视当地媒体和政府的支持，圣元无疑选择了更明智更有效的方式。圣元此举起到了事半功倍的效果，也为迅速平息此次事件起到了相当重要的作用。

（5）任何一个危机事件的存在都不是孤立的，对于任何一个危机事件的解决也不能只靠单一的形式进行解决，否则，在问题的解决过程中就会因为考虑不周全而陷入顾此失彼的境地，这是解决危机需要坚持的系统运行原则。从事件开始及时通报公安部门和工商部门的积极行为，以及在事件调查过程中圣元的一系列声明。例如，圣元国际张迎和圣元营养食品有限公司客服人员的只字片言"死亡是很严肃的事情。""孩子为什么死亡，我们还是觉得应该等政府和权威部门有一个结果出来，或医院的死亡报告出来，才能真实地了解是什么原因。""我们的产品都是经过检测合格才上市的。"又如圣元国际董事长兼 CEO 张亮表示，坚信这是与圣元产品无关的孤立事件，已决定不召回其任何产品以及圣元奶粉及时公布质检结果和及时利用当地权威媒体和政府的表态。可以讲圣元奶粉此次危机公关中所表现出来的前所未有的自信和此前"激素门"事件截然不同，其所采取的恰当措施都为圣元此次事件的解决加分不少，同时也说明一个企业对自身质量管理体系的认可和自信。

（6）在此次事件的处理过程中圣元利用趋势原则，根据势态的变化，适时调整策略，如在事情进展中声明称："我公司对同批次产品留样进行的自检完成，结果显示微生物指标全部符合国家标准。自此，加上 1 月 12 日公布的产品追溯核查结果，我公司完成了自身能够做的全部自查工作，事实再次说明九江都昌男婴死亡事件与公司产品没有关联。尤其在事实澄清后，圣元及时在其官方网站公布称："九江都昌政府在江西电视新闻发布：权威检测结果已出，圣元奶粉合格，与孩子死因无关。"并在一些其他相关媒体，如网易财经《工商部门为圣元正名，龙凤胎一死一伤事件与奶粉无关》、新华网《权威检测结果还圣元奶粉清白！》、新华报业网《圣元奶粉最新事件结果：质量才是硬道理》、新浪博客、大周网《圣元奶粉检测合格，婴儿死因与奶粉无关》等正面文章为自己证明和消除事态的后续影响。

至此，圣元"致死门"事件画上一个句号，但是，通过该事件也给企业以警示，当危机来临时我们是否已做好准备了，我们该如何去做？

三、危机管理的过程

第一步，确认关键问题。一旦危机发生了，将会有许多相关问题随之发生，因此，管理人员必须分清存在问题的性质，采取不同的办法加以处理。所以，危机管理者的首要步骤就是，对危机中出现的问题进行分类，将重要的问题和不重要的问题、应该由企业处理的问题和由其他方面处理的问题区分开来，并采取不同的处理态度。

美国强生公司曾发生过这样一起危机事件：该公司发现一包被氰化物污染的扑热息痛，

事故中有七人死亡，继而又出现了类似的犯罪行为。企业马上意识到，对自己而言，最重要的问题（危机）在于今后商品的声誉，至于追查凶手则是警方的事情。于是，公司把注意力集中于立即追回货物方面，并展开了一场有效的广告运动，维护了自己产品的形象。

第二步，制定危机管理计划方案。危机管理计划方案应该事先拟定，其内容通常包括：成立危机处理小组并确定具体的领导人员；了解危机事件可能影响的范围；为最大限度减少危机对企业声誉的破坏，建立有效的传播渠道；培训专门的危机处理群体。

第三步，成立危机处理小组。危机发生后应迅速成立处理小组，调配训练有素的各类人员，以实施控制和执行管理危机的计划。危机处理小组在危机管理中的主要作用表现在：全面、清晰地对各种危机情况进行预测；为处理危机制定有关的策略和步骤；监督有关方针和步骤的正确实施；在危机实际发生时，对全面工作做指导和咨询。

在挑选危机处理小组成员时，要充分考虑到成员个人的素质和才能，把这些不同风格和价值的人才有机地组合起来，在危机处理中发挥最大效用。一般米说，危机处理小组应该包括以下几种类型的人员：①"点子"型，即不断地提出新的建议、新的点子，颇具创造性的人员；②沟通型，即协助小组进行内外的信息沟通与传播；③"厄运经销商"型，也有人称之为"魔鬼辩护人"，他们往往对每一个意见，每一种方案都会提出一定的异议；④记录型，主要负责对危机过程以及进行危机处理的方案及具体实施等作详细记录；⑤人道主义型，他们是以人为导向的工作者，他们解决问题的方法总是倾向于人性的一面。

第四步，处理危机。对危机事件的处理可以分为应急处理和恒久处理两种情形。应急处理可以认为是一种救火式的行为，即采取一切措施尽快消除表面危机。而恒久处理则需要追根溯源，斩草除根，消除产生同样问题的隐患，这一工作往往会留待危机事件处理完毕以后才考虑。

作为救火行动的应急处理应该把握两个基本原则：公众利益至上和掌握主动。在普遍强调企业社会责任的环境下，仅仅作出一些承诺而没有实际的行动，是不可能赢取公众的信任的。在危机处理中，企业应努力使自己的行动与公众的期望保持一致，通过自己对社会负责的行动来建立企业的信誉。也就是说，在事件处理的过程中，企业所采取的行动，必须以不进一步损害公众利益为基础，并且保证使公众利益受损程度最小。

为了保障公众的利益，面对危机时，企业应该考虑到最坏的可能性，并立即采取相应的行动。即使事后证明危机并没有想象的那么严重，你的过于谨慎也不至于遭到批评；相反，如果措施不力导致危机难以应付，你将受到广大公众的指责。因为企业的一点小小失误都可能使自己成为公众攻击的目标。

此外，企业应该掌握危机事件处理的主动权，特别是在对外的信息传递方面，不能处处被动，以至于使问题越闹越大。当然，这并不是说企业应该控制媒介的信息传播，而是强调企业应主动配合，积极提供事件的相关信息，以防止媒介作出不实的报道，有损企业形象。这就要求企业随时准备好企业的背景资料，并不断根据事件的进展加以补充，同时，指定专门的有经验的人员来应付媒介和其他公众的问题，保证企业只以一个声音对外。

第五步，总结经验，吸取教训。对危机事件的事后总结有很多的好处。一方面，从危机事件处理中获得的经验有助于企业有效的管理未来可能发生的各种危机；另一方面，危机事件的发生可以强化企业的危机意识，加强防范。不少企业正是在发生过一次危机之后，自觉地完善了自身的危机管理体系，这样，其危机管理行为就具有一定的前瞻性。

而且，经验表明，尽管不少危机是由于外部偶发因素引起的，但其根本动因则在企业内部。危机的产生和危机的根本解决需要从企业内部寻找根源。所以，危机带给我们的最大教训就是，要强化内部管理，杜绝类似事件的发生。

四、危机管理的原则

如同在战场上没有常胜将军一样，在现代商场中也没有永远一帆风顺的企业，任何一个企业都有遭遇挫折和危机的可能性。从某种程度上来讲，企业在经营与发展过程中遇到挫折和危机是正常和难免的，危机是企业生存和发展中的一种普遍现象。那么如何建立一个有效的危机管理体系，从而能够成功地预防危机、处理危机，甚至反败为胜，在危机中恢复并得到发展呢？关键在于危机管理的"6C"原则。

1. 全面（Comprehensive）

危机管理的目标不仅仅是"使公司免遭损失"，而是"能在危机中发展"。

很多企业将危机管理与业务发展看成是一对相互对立的矛盾，认为危机管理必然阻碍业务发展，业务发展必定排斥危机管理。从而导致危机管理与业务发展被割裂开来，形成"两张皮"。危机管理机构在制定规章制度时往往不考虑其对业务发展的可能影响；而业务部门在开拓业务时则是盲目地扩张，根本不顾及危机问题。

全面化可归纳为"三个确保"：一是应确保企业危机管理目标与业务发展目标相一致；二是确保企业危机管理能够涵盖所有业务和所有环节中的一切危机，即所有危机都有专门的、对应的岗位来负责；三是应确保危机管理能够识别企业面临的一切危机。

2. 价值观的一致性（Consistent Values）

危机管理有道亦有术。危机管理的"道"是根植于企业的价值观与社会责任感，是企业得到社会尊敬的根基。危机管理的"术"是危机管理的操作技术与方法，是需要通过学习和训练来掌握的。

危机管理之"道"是企业危机之"术"的纲。

从根本上讲，危机就其本质而言，是无法预知的。在"泰诺"中毒事件发生后，当有人问及当时强生公司的总裁伯克是如何应对危机时，他是这样回答的：我不认为危机是可以准备的。如何处理危机根植在企业的价值体系中。

在"泰诺"中毒事件发生之后，伯克很明确，只有公司的文化、最核心的公司价值和理念才能使公司走出这一危机。当时危机出现之后，伯克每天都与危机处理小组会面，而每个小组成员都有一份公司的信条在他的案边。

强生公司的信条第一款是：我们首先要对医务人员、病人、母亲和其他所有我们产品和服务的用户负责。而正是这个信条带领强生公司走过了艰难境地。

3. 关联（Correlative）

有效的危机管理体系是一个由不同的子系统组成的有机体系，如信息系统、沟通系统、决策系统、指挥系统、后勤保障系统、财物支持系统等。因而，企业危机管理的有效与否，除了取决于危机管理体系本身，在很大程度上还取决于它所包含的各个子系统是否健全和有效运作。任何一个子系统的失灵都有可能导致整个危机管理体系的失效。如果一个公司的总裁是在吃早餐时看新闻知道危机来临的话，可能丰盛的午餐已经痛苦地丢失了。同样，没有强有力的财力支持的话，强生能够投入上亿美元来回收药品，战胜"泰诺"中毒危机吗？

4. 集权化（Centralized）

集权化的实质就是要在企业内部建立起一个职责清晰、权责明确的危机管理机构。因为清晰的职责划分是确保危机管理体系有效运作的前提。同时，企业应确保危机管理机构具有高度权威性，并尽可能不受外部因素的干扰，以保持其客观性和公正性。

危机的集权管理有利于从整体上把握企业面临的全部危机，从而将危机策略与经营策略统一起来。

危机发生的时候，人们需要有人站出来领导，人们需要的是指示和命令，告诉他们发生了什么，告诉他们应该怎么做。

但值得注意的是，为了提高危机管理的效率和水平，不同领域的危机应由不同的部门来负责，即危机的分散管理。危机的分散管理有利于各相关部门集中力量将各类危机控制好。但不同的危机管理部门最终都应直接向高层的首席风险官负责，即实现危机的集中管理。

5. 互通（Communicating）

从某种意义上讲，危机战略的出台在很大程度上依赖于其所能获得的信息是否充分。而危机战略能否被正确执行则受制于企业内部是否有一个充分的信息沟通渠道。如果信息传达渠道不畅通，执行部门很可能会曲解上面的意图，进而做出与危机战略背道而驰的行为。

有效的信息沟通可以确保所有的工作人员都能充分理解其工作职责与责任，并保证相关信息能够传递给适当的工作人员，从而使危机管理的各个环节正常运行。企业内部信息的顺畅流通在很大程度上取决于企业信息系统是否完善。因此企业应加强危机管理的信息化建设。以任何理由瞒报、迟报，甚至不报的行为都是致命的。可口可乐在危机发生时几小时内就可以联络到总裁，不管他正在进行高级谈判，还是在加勒比海度假，这是可口可乐严密高效的组织协作的体现。

6. 创新（Creative）

危机管理既要充分借鉴成功的经验，也要根据危机的实际情况，尤其要借助新技术、新信息和新思维，进行大胆创新。切不可墨守成规，故步自封。

五、危机管理的内容

危机管理的内容主要包括：危机防范管理、危机应急处理以及危机后处理工作。

（一）危机防范管理

从危机的特征来看，大多危机事件都有一个潜伏期，而且是可以预测的。在一个从"准备期"到"爆发期"的变化过程中，多种小因素一定时间的积聚最终导致危机的全面爆发。也就是说，危机的发生都会有预先的征兆，如果企业管理人员有敏锐的洞察力，能根据日常收集到的各方面信息，对可能面临的危机进行预测，及时做好预警工作，并采取有效的防范措施和危机处理演习，完全可以避免危机的发生或者使危机造成的损害和影响尽可能减少。因此，危机防范是危机管理的起点，它主要包括：

1. 形成良好的企业文化

企业文化是指在企业里形成某种特定的文化观念和历史传统，以共同的价值标准、道德标准和文化信念为核心，以最大限度地调动企业职工的积极性和潜在能力，将企业内各种力量聚集于共同的指导思想和经营哲学之下，齐心协力地实现企业的目标。企业要形成良好的企业文化，就必须建立良好的企业形象、正确的价值观，从而避免产生损害企业形象、不当经营等危机因素。例如，惠普公司的价值观是："我们对人充分信任和尊重，我们追求高标准的贡献，我们将始终如一的情操与我们的事业融为一体，我们通过团队、通过鼓励灵活与创新来实现共同的目标——我们致力于科技的发展是为了增进人类的福利。"真正按这样的目标去追求的企业就不会因为急功近利而不顾企业形象铤而走险。另外，拥有良好声誉资产的企业更容易取得客户的信赖和建立和谐的公共关系。而强大的凝聚力、畅通的内部对话渠道、严谨的历史传统以及积极的导向激励功能等都是提高各项管理绩效的必要条件，这其中也包括危机管理的绩效。很难想象一个管理涣散的企业怎么能够抵挡危机的冲击。需要强调的是，企业文化中的群体意识对避免危机的发生至关重要。企业忧患意识就像一个警钟，时刻提醒着企业群体中的每个成员，保证各自岗位的危机防范。可以说，如果没有自上而下强烈的忧患意识，所有的危机预警机制都会形同虚设。比尔·盖茨曾经常强调：微软离破产只有 12 个月。这也是用忧患意识提醒员工警惕潜在的危机，保持不断进步。

2. 实行全面质量管理

综观企业危机的案例，质量问题是危机产生的最主要原因，因此有效的质量管理极其重要。目前，质量管理的较高层次就是全面质量管理。国际标准 ISO 8402 中对全面质量管理的定义是："一个组织以质量为中心，以全员参与为基础，目的在于通过让顾客满意和本组织所有成员及社会受益而达到长期成功的管理途径。"它的特点表现为两个方面："三全"的管理思想和"四个一切"的观点。"三全"管理思想是指全面的质量管理、全过程的质量管理和全员参与的质量管理。"四个一切"的观点是指在质量管理中一切为用户服务、一切以预防为主、一切用数据说话、一切按质量环［PDCA 循环，PDCA 是英语单词 Plan（计划）、Do（执行）、Check（检查）和 Action（行动）的字头缩写］办事。实现全面质量管理是一项非常艰巨的事情，仅仅依靠几句口号、突击检查是没有效果的，只有每个过程、每个细节都完全落实才能实现扎实有效的管理目的。"三鹿奶粉"事件就是质量与名牌之间相互影响的现实写照，名牌可以为产品质量带来相应的晕轮效应，同时产品质量也对名牌起到了重要作用，当产品质量出现问题时，其产生的负面影响会祸及整个品牌，它可以使名牌一夜间一文不名，而另一方面，一个名牌的衰落也会给消费者带来一种质量不行了的感觉，因此，想要打造一个名牌产品，最首要的任务是保证其产品的质量。可见真正实现无懈可击的高质量产品生产是非常难的事情，一旦质量管理出现问题，很有可能直接导致产品质量危机。质量管理的另外一个著名成功案例是海尔集团。早在 1985 年，集团总裁张瑞敏就曾经当着全体员工的面，将 76 台带有轻微质量问题的电冰箱当众砸毁，使员工产生了一种危机感与责任感，由此创造出了一套独具特色的海尔式产品质量和服务。搞好全面质量管理实际上就是给企业穿上了"保护服"，让质量危机因素无从生长。

3. 架构危机预警系统

企业的危机预警系统包括：危机管理机构、危机信息监测系统、风险分析和危机预测、危机爆发模拟训练等。

（1）企业应当在平时的经营过程中就组建危机管理机构，而不是等到危机已经发生时才临时成立这样的组织。该机构应该包括企业最高负责人、法律顾问、公关顾问、管理顾问、业务负责人、生产负责人、行政负责人、人力资源负责人及相关后勤保障人员。它的职责有：①制定有关危机管理的战略计划和实施方案；②指导公共关系、信息监测等部门进行全面危机预测，对风险做出及时、有效的处理；③监督危机管理中各项方针的正确实施；④当危机发生时，负责危机处理的安排和执行。在国外，许多大公司都设有专门的危机管理机构，但在中国企业的组织结构里，基本上看不到这样的机构存在，这种局面迫切需要改变，可以将企业的公共关系部门改造成同时具备危机管理能力的组织。

（2）企业需要构建一个高效的信息监测系统。该系统可以实现下列功能：①及时了解宏观政策动态，及相关法规、条令的修改、颁布等经济环境的变化，并报告给相应的管理决策部门；②收集公众的反馈信息，一旦出现问题立即跟踪调查原因，这些信息包括企业产品和服务水平在用户心目中的形象信息，公众对本企业的组织机构、管理水平、人员素质等方面的评价，以及客户提出的建议改进等；③掌握竞争对手的现状、实力、潜力及策略发展趋势，对各项指标与本企业形成优劣对比；④搜集和分析本企业内部信息，进行自我诊断和评价，找到薄弱环节。这些都为危机管理决策提供了有力的信息支持，帮助企业在与外界密切联系的开放式环境中做到敏锐预感风险、有效预测形势、成功预防危机。要做好这个需要投入相当的资源和精力，并且该系统需要在运行中不断地完善和提高，但是它的效用是非常明显的。

（3）拥有好的信息监测系统就要做好风险分析和危机预测。其中包括对生产、制造、服务、品牌、销售、投诉、人事、投融资、宏观政策等各个环节进行分门别类的危机分析。并将风险进行分级、分类，制订每一项风险的解决方案，明确责任人和责任完成时间与指标。好的硬件和好的软件相结合才能够相得益彰，充分发挥危机预测、预防功能。

企业是否能够真正具有快速危机处理的能力，危机管理机制是否能够经受考验，只有实践才是检验的最好标准。成熟的企业之所以能有良好的抗震性，与其平时进行的危机模拟训练是密切相关的。模拟训练应该选择不定期进行而且间隔时间不能太长，这样可以避免定期训练所形成的心理惯性，不能达到训练的理想效果。当然，训练的关键在于真正培养应对危机的能力，为了训练而训练只是做无用功，毫无益处。

4. 建立和谐的公共关系

企业公关部的工作不应该仅仅停留在广告宣传、发布企业新闻通稿、接待媒体采访等事务性工作上，它的主要任务是为企业与外界之间搭建畅通的联系渠道、建立良好的合作关系。而为了预防危机，与外界沟通显得尤为重要。公关部门应该在广大的媒体群落中搜集一切和自己的企业有关的信息，包括不利的和有利的，用于危机预测。一旦危机来临，良好的公共关系将帮助企业更高效的解决问题。因此，企业平时必须与处理危机有关的单位建立紧密联系，形成和谐的网络，以便危机出现后能及时、有效地沟通和合作。这些单位包括：政府部门、新闻媒介、消费者协会、医院、消防部门、公安部门、相关科研机构、保险公司、兄弟单位等。公共关系实际上也是企业的一种宝贵资源。中国的大部分企业对待媒体都是采取敬而远之的态度，特别是在危机发生的时候甚至会将媒体看作敌人，这样的态度对问题的解决毫无益处。要知道躲避媒体就无法了解外界信息，就无法让公众了解企业的立场，从而导致流言肆虐，负面宣传的影响进一步恶化。

5. 培养危机管理人才

企业最重要的资源就是人力资源，同样在危机管理中最关键的因素也是人才，危机管理人才对企业是否能够顺利度过危机起着举足轻重的作用。好的危机管理人才必须熟悉企业的产品信息、市场战略，掌握相关法律知识、公关技巧，并且能够正确认识危机及其演变周期、危机管理关键原则，知道危机防范体系的建立原则、各种危机的应对解决程序。特别是危机处理时的企业发言人，他对外代表着企业的形象、态度、方针，因此他的一言一行都需要非常谨慎，一般来说，企业发言人需要具备的素质有：①表达能力突出，口才良好，口齿清晰，善于演讲、沟通和倾听；②在外界压力下，能保持冷静和应付自如；③能够灵活应对各种复杂情况，善于回答各种问题，敢于迎接挑战；④富有同情心，能够渲染气氛、控制局面等。

试想在企业对外新闻发布会上，企业代表表现得体或拙劣对外界造成的影响和给公众留下的印象的差别将会是多么显著。在越来越多的企业强调全员公关、共同参与管理的今天，让所有职工都掌握一定的危机处理能力，培养高素质的危机管理人才是企业成熟的标志。

（二）危机应急处理

一旦危机事件发生，不采取措施或者采取不正确的措施都会把企业拖入无法挽救的境地。而有效的危机处理，不但可以尽量减少损失和影响，甚至可能让企业在处理过程中受益。例如，英航的108号航班，因故被临时取消了飞往日本的航班，除了一位老太太外，其他乘客都改乘其他航班。最后108航班上十几位机组成员，用一架可乘坐几百人的飞机，伺候这位老太太回日本。此事被世界各大媒体争相报道后，一时间英航乘客爆满。可见，得当的危机处理同样可以重新建立企业的信誉。因此，危机处理方式的选择是值得仔细研究的。危机应急处理的原则有以下几项：

1. 迅速响应危机

企业对危机的反应必须快捷。危机发生后的24小时最关键，在资讯传播如此迅速的今天，拖延时间无疑是让更多的公众对企业失去信任。企业应该在最短时间里做出反应，通过新闻媒介表明态度，让受害者、消费者、社会公众消除对企业品牌的不信任，避免反面宣传不断传播所带来的不良影响。前面提到可口可乐中毒事件发生后，可口可乐亚特兰大公司总部得到的消息是因为气味不好而引起的呕吐及其他不良反应，公司认为这对公众健康没有任何危险，因而并没有启动危机管理方案，也没有任何一个公司高层管理人员出面对此事及中毒者表示关切。此举触怒了公众，消费者认为可口可乐公司无视消费者的健康，从而不再购买公司的任何产品，直至后来危机升级，当地政府要求可口可乐公司收回所有产品。由此可见，对危机处理采取"拖"的态度不仅对解决问题没有任何帮助，而且会进一步损害企业形象，造成更严重的后果。同时企业也要迅速查明原因、研究对策、实施补救，使公众在第一时间了解危机真相及企业已经采取的各项措施，获得同情和信任，重塑企业形象。

2. 勇于承担责任

有些企业在发生危机，受到媒体批评和公众指责时会觉得非常委屈。尤其是事件初发阶段，原因尚未查明，社会舆论往往一边倒。这个时候企业应该勇于承担责任，即使是由于不可抗因素或者人为的破坏，都应该首先承认错误，及时向受害者、消费者表示歉意，以表达企业的诚意，争取公众的谅解，从而赢得舆论的广泛理解和同情，同时这也避免了在真相查明之前事态的进一步恶化。1982年9月，美国芝加哥地区发生有人服用含氰化物的泰诺药片中毒死亡的严重事故，强生公司在调查结果尚未出来的情况下，仍然坚持按照公司最高危机方案原则，即"在遇到危机时，公司应首先考虑公众和消费者利益"，耗资1亿多美元在最短时间内向各大药店收回了所有的3100万瓶这种药，并花费50万美元向有关的医生、医院和经销商发出警报。最终得到的事件原因是有人故意投毒。强生公司虽然损失巨大，但是它勇于承担责任的做法成功地向公众传达了企业的社会责任感，受到了消费者的欢迎和认可。为此强生公司获得了美国公关协会颁发的银钻奖，原来萎缩的市场也很快恢复。原本一场"灭顶之灾"竟然奇迹般地为强生迎来了更高的声誉。

无数过往的危机事件告诉我们，事实总是脆弱的，当危机来袭并且不断深化时，公众对于企业的期望已不仅仅是企业抹清事实之镜，而希望从更高的价值层面获得企业的反馈。在危机之中，关于事件起因、发展、后果等数据、证据的呈现属于事实之维，而对事件的反思、道歉、沟通、承诺等则属于价值之维。

所以，重大危机爆发之后，如果企业只一味执着自己是对或错、是或不是、有或无这个层面的事实之维，是无法从根本上消除公众怒气的。心与心的沟通，基于企业社会责任的真诚承诺与行动，才是化解危机的有效之道。基于企业社会责任的真诚承诺与行动，才是企业化解危机的有效之道。

3. 冷静研究对策

在舆论的重压下企业一定要保持冷静应对，高效而不慌乱。企业在面临危机时，需要采取的对策包括：①迅速查明原因和影响，主动向公众讲明事件全部真相；②对受害者进行安慰、补偿，消除疑虑和不满；③通过媒体向公众表明立场，采取恰当的、富有人情味的补救措施；④监督各项处理措施的实施，并检查效果、搜集反馈，争取让公众满意；⑤充分利用企业的各方面关系，如与媒体、消费者协会等进行友好合作，争取当地政府的有力支持，帮助达到使社会各界理解并获取更多有利条件的目的；⑥保持内部稳定以及沟通渠道的畅通，做到行动统一、声音一致，不折不扣地贯彻实施应急方案。

4. 注重情感因素

现代管理越来越要求人性化，同样，在危机处理中也要注意公众的情感，站在受害者的立场上表示同情和安慰，用富含同情心的措施感动受害者、消费者，从而化敌为友，共同寻求有利于双方的解决办法。而无谓的辩解是没有用的，甚至可能导致公众产生不信任感。如果企业能够在倍受指责、承负重压的情况下仍然表现出真诚、友善、合作的态度，相信在赢得公众谅解、舆论支持、业界同情等方面会有所收获，帮助问题更快、更融洽地解决。雀巢公司曾经有一个典型的案例，1973年8月，英国《新国际主义者》发布报告，指责雀巢等公司过度宣传其乳品对母乳的替代作用，"发展中国家由于相信了这些宣传，每年有1000万婴儿因非母乳喂养而带来营养不良、疾病或死亡"。由此拉开了一场最初由慈善和宗教团体发起的抵制雀巢产品的世界性运动。事件之初，雀巢选择了对抗措施，虽然其在诉讼媒体的官司中胜诉，但法院判决书中"如果公司想避免再受到道德和法律上的指控，必须改变产品推广程序"的字句，使其赢得官司却失去了消费者的信任。直到1980年末，雀巢才意识到对抗性的法律手段并不能解决所有的问题，于是改变策略，在广告上加入了母乳喂养的好处等营养学常识，还在华盛顿成立了雀巢营养学协调中心，致力于营养常识在世界范围的普及推广。最后抵制运动在1994年瓦解，雀巢挽回了声誉。另外，企业在处理危机时特别要注意牵涉到政府关系、民族情绪等敏感问题的因素。举个例子，三菱公司宣布收回全球150万辆有潜在问题的汽车，但中国境内7.2万辆帕杰罗越野车却不在此列。三菱公司缺乏诚意的解决方式及其对中国消费者的歧视性态度，受到舆论的强烈声讨，并引发了中国公众一系列"抵制日货"的浪潮，三菱公司为自己的贸易歧视政策受到了应有的惩罚。引以为鉴，中国的出口企业，在受到反倾销、质量标准壁垒等问题困扰的时候，一定要谨慎处理，避免引起民众的民族情绪。

总之，企业在危机爆发之后，应该临危不乱、清晰决策，做到迅速反应、主动道歉、担负责任、冷静应对、行动统一、多方斡旋、人性处理、坦诚友善。正确的方案和有效的执行可以实现"大事化小、小事化了"，将困难消解于无形，将损失减少到最小。

（三）危机后处理

当危机消退之后，企业并不能以为万事大吉、高枕无忧了。危机后的处理同样是必不可少的。善后处理一般有：①处理遗留问题，挽回形象损失；②针对事件原因明确责任，强化职工危机意识，避免类似事件发生；③改善业务流程，提高产品质量，寻求新的技术解决方法，以危机为契机使企业各方面达到更高标准；④巩固企业与社会各界的良好关系，增进彼此的了解和沟通，提高企业知名度，重塑企业形象；⑤将危机事件的起因、经过、解决进行备案，用以完善企业将来的危机预防和管理。强生公司在解决泰诺中毒事件之后，经过研发采用了新的"无污染包装"，反而在止痛片市场上挤走了其他竞争对手，就是一个成功的危机后处理例子。

实际上危机管理永远没有尽头，只要企业在经营，它就必须不断强化危机的有效管理，使企业得以成功度过各种难关，最终发展壮大。

本 章 小 结

危机管理是指应对危机的有关机制。具体是指企业为避免或者减轻危机所带来的严重损害和威胁，从而有组织、有计划地学习、制定和实施一系列管理措施和因应策略，包括危机的规避、危机的控制、危机的解决与危机解决后的复兴等不断学习和适应的动态过程。通过本章学习，了解危机管理的基本特征，掌握企业危机管理的基本程序。通过案例分析，了解危机的基本特征，危机发展的四个阶段，掌握危机管理的原则及内容。

【阅读材料】

国 美 的 信 任 危 机

每年的中央电视台"3·15"晚会都会曝光一些不法商家的行为，在2011年的晚会上，中央电视台将镜头对准了国美电器，主要曝光了国美电器员工借节假日套取消费者赠品及返赠的现金卡。并且，这些违法人员还借用家电以旧换新政策，通过购买旧家电、盗用消费者身份信息等多种手段，骗取国家补贴资金，这种情况在国美电器多家门店存在。据了解，国美并非初次使用这样的伎俩。

2011年3月16日凌晨，国美针对此事件做出回应，称将严查各门店违规操作人员，并将通过回访对造成损失的消费者将进行补偿。3月22日，商务部新闻发言人指责国美家电"以旧换新"骗补的事件被曝光质非常恶劣，相关部门已经取消了国美电器在天津的相关门店以旧换新业务开展的资格。同时商务部门也约谈了国美电器总部的负责人，要求国美电器进行内部的调查、整改、处分。

国美此次危机事件非比寻常，企业伤害的不仅是消费者的权益，更被指责"坑骗国家金钱"，这样的行为在中国特殊的市场经济环境下是一大忌讳。在危机事件发生后，国美企业能够有效借助政府的力量，无疑起到事半功倍的作用。实际上，在企业的利益相关群体当中，政府对企业的影响无疑是最大的，政府可以直接干预企业的运营，对企业的监管行为造成重大影响，诸如产品质量抽查、财务核查等工作。可以想象，假如这一次国美没有彻查事件，向国家提交一份满意的回复，今后将面临更严峻的生存环境。

除了需要对政府和国家做好沟通和协调工作，国美可以采取"还利于消费者"的做法，来重新获得消费者的好感和信任。说到底，企业发生危机事件后只有赢得消费者的信任和支持，才有可能继续后续每一步的企业战略和策略执行。国美在这个事件中主要发生了诚信危机，员工弄虚作假，欺骗消费者，对企业造成一种负面的影响，反映的是一种道德的危机，更反映的是一种制度的危机。在这个时候，国美必须采取一定的行动，向消费者传递正面的信息，让消费者相信国美仍然是一个与消费者站在同一立场的、关怀和关心消费者实际利益的好企业。

复习思考题

1. 如何应对企业危机？
2. 危机管理的6C原则是什么？举例说明。
3. 危机管理包含哪些内容？

📁 **案例分析**

"三鹿奶粉"事件

石家庄三鹿集团股份有限公司（简称三鹿集团）是一家位于中国河北石家庄的中外合资企业，主要业务为奶牛饲养、乳品加工生产，主要经营产品为奶粉，其控股方是持股56%的石家庄三鹿有限公司，合资方为新西兰恒天然集团，持股43%。三鹿集团的前身是1956年2月16日成立的"幸福乳业生产合作社"，一度成为中国最大奶粉制造商之一，其奶粉产销量连续15年全中国第一。2008年8月其产品爆发三聚氰胺污染事件，企业声誉急剧下降。2008年12月24日，三鹿集团被法庭颁令破产。2009年02月12日，石家庄市中级人民法院正式宣布三鹿集团破产。

三鹿集团危机处理过程分析

1. 三鹿应对危机的过程回顾

三鹿集团总经理：田文华；副总经理：王良玉、杭志奇。

（1）2007年12月以来，三鹿集团陆续接到消费者投诉。

（2）2008年5月17日，客服部书面向领导集团报告情况。

（3）2008年5月20日成立任务小组。田文华为组长，王良玉负责技术攻关，杭志奇负责奶源管理，由蔡树维和张振岭（原副总）负责市场信息处理。

（4）2008年6月初技术攻关小组发现问题，但集团和6个质检部门（湖南省食品质量监督检测所、长沙市食品质量监督检查中心、徐州市产品质量监督检验所、国家乳品质量监督检测中心、国家环保产品质量监督检验中心和农业部乳品质量监督检测中心）都未发现问题的根源的所在。

（5）2008年7月下旬，集团终于找到问题的根源。

（6）2008年8月1日，王玉良向田文华报告情况，田文华分配应对危机的任务，但要求不得泄露有关三聚氰胺的消息。

从以上三鹿事件的进展情况可以将其分为两个阶段，第一阶段是2007年年底至2008年5月上旬，这一时段是危机爆发的预热阶段，第二阶段是2008年5月中旬到2008年8月事件已经全部浮出水面，危机显现。

从以上第一阶段可以看出，从市场上出现消费者投诉到客服部书面向领导层出示书面报告时隔5个月之久，此段时间是危机出现的早期阶段，这段时间无论是领导层还是下属部门都没有对消费者的投诉给予足够的重视，失去了应对危机的最佳时机。从中我们可以看出三鹿集团内部缺乏危机意识，且不懂得抓住最佳时机解决危机。自古以来就有居安思危的古训，教人们在安逸的环境下要保持清醒，懂得未雨绸缪，将危机的发生几率降到最小，显然三鹿集团上上下下都缺乏危机意识，这是三鹿问题出现的重要原因之一。如果在有消费者投诉的早期阶段，三鹿能够给予足够的重视，采取相应的改正措施，危机的损害程度就不会如此的大。第二阶段是三鹿集团危机显现阶段，在这各阶段中，三鹿的高层领导已经意识内部存在问题，但是迟迟未找到问题的根源，直到 7 月才查出三聚氰胺，在查出三聚氰胺之后，三鹿集团总经理虽然紧急开会制定了应对方案，但是却要求不准泄露有关三聚氰胺的信息。之后的种种行为都注定了三鹿集团走向破产的不归路。2008 年 7 月三鹿集团召开了多次会议讨论有关三聚氰胺的问题，会议虽然决定采取一些补救措施，但是其高层要求封锁媒体，安排副总蔡树维和张振岭分别应付消费者和媒体事务，消费者方面运用退货、换货等方法来稳住消费者，防止他们将投诉三鹿的消息透露给媒体，而媒体方面则通过支付广告费用的手段来控制媒体，阻止他们对消费者投诉三鹿的消息进行披露。从中可以看出三鹿集团完全误解了危机本质，认为危机的关键是媒体，误将媒体公关当做解决危机的根本所在，以为掩盖事实就会转危为安，是"鸵鸟效应"的典范。三鹿查出有毒奶粉的来源是三聚氰胺之后没有及时向消费者通告，也没有下架所有产品，而是继续隐瞒事实，只收回部分产品，其出发点就是为了稳定市场保证公司的利益而完全不考虑消费者的健康问题，将公司利益置于公众的生命安全之上。可以看出三鹿集团没有承担其应有的社会责任，忘记了企业经营之道在于以人为本。而危机的处理自然也要从消费者的角度出发，本着为消费者负责的态度是应对危机的根本出发点。

2. 危机管理至少要遵循以下原则

（1）时间第一原则。危机的发生往往情况紧急，不容许拖泥带水，企业的管理者要注意抓住时机，争取在最短的时间内整理出事件的头绪，并有理有据地进行处理。三鹿错失良机就是因为违背了时间第一的原则。

（2）保障利益相关者权益原则。企业的经营宗旨无非就是为了满足公众的需求得到公众的认可，从而获得发展，危机的出现，首当其冲的就是利益相关者的权益受到了损害，因此危机管理的核心应该是保护利益相关者的权益。三鹿集团出事后一直推脱责任并隐瞒消息，严重损害的公众的生命安全，这种错误是不可饶恕的，失去了群众基础，企业的基石也就丧失了，这注定了三鹿这个巨人的倒塌。

（3）沟通原则。信息的有效传递是管理者制定各种决策的有力依据，是消费者同企业交流的纽带，从两者之间的有效沟通中，消费者可以获得有关企业的信息并根据自我判断对企业做出评判，而企业也可以通过了解客户，得到准确的有关消费者态度、认知等方面的信息，这有利于从消费者出发制定相宜的策略。三鹿集团客服部的拖泥带水的工作态度给三鹿集团造成了不小的损失。

三鹿事件虽然发生得很突然，但是其发生是有其原因的，从危机管理角度上来说，其缺少一套行之有效的危机应对机制是又一重要原因，导致从危机的源头奶源事业部到中间的客服部，再到高层，各个部分都没有起到应有的作用。危机来源于奶源，奶源事业部由于缺乏危机意识，放松了警惕没有将危机消除在萌芽状态；客服部由于没有危机意识，对消费者的投诉推迟上报，失去了解决问题的最佳时机；企业高层同样对危机的认识不足，做出了一系列的错误决策最终使企业误入歧途。如果能够建立一套危机应对机制则企业面对危机不会手忙脚乱。因此今后企业可以从以下方面努力。

首先，树立危机管理意识，向员工灌输危机思想，实行全员参与。

危机无处不在，企业内外各个环节都有可能产生危机，如果管理稍有疏忽都有可能使隐患积少成多慢慢变成显性的危机，只有动员所有员工都参与进来才会发挥集体的力量，从而降低管理的成本。

其次，学习内外经验，建立一套适合自我的危机应对机制。

通过对比可以发现外国企业应对危机的能力明显高于我国本土企业，而我国的本土企业也不乏应对危机成功的案例，企业可以结合自身实力构建适合自身的危机应对机制，如建立从危机信息收集、危机信息分析、危机信息整理、危机信息传导到危机处理的一整套系统是很好的尝试。

最后，可以建立单独的危机应对部门，负责以上信息的收集、分析、整理等工作以供决策者参考。并且培养危机应对方面的人才，这样在危机出现时可以果断而正确地制定出有效的危机应对方案。

【问题】

1. 三鹿集团是怎样应对企业危机的？
2. 这个案例给我们什么启示？

实 践 训 练

【实训项目】运用所学习的理论知识，分析某企业的企业危机管理。

【实训目的】

（1）巩固和强化学生对危机管理的理解及深刻认识。

（2）锻炼并提高学生的独立思考能力，知识转化能力，发现、分析及解决问题的能力。

【实训内容与组织】由 5~8 人组成一个小组，利用网络相关工具搜集危机处理"6F"原则，并以此分析三鹿事件的案例。

【实训考核】

完成表 9-1，填写出"危机处理原则"的"6F"，并据案例填写后面内容。

表 9-1   "6F" 原 则

危机处理原则	实际行动	应当行为

参 考 文 献

[1] 刘伟光，程振锋. 企业管理基础. 北京：中国电力出版社，2012.

[2] 吴崑，平建恒. 企业管理实务. 北京：高等教育出版社，2007.

[3] 邢于仓，曾祥师. 现代企业管理学. 北京：中国电力出版社，2003.

[4] 尹丽萍. 现代企业经营管理. 4版. 北京：首都经济贸易大学出版社，2014.

[5] 于立. MBA管理案例. 大连：东北财经大学出版社，2002.

[6] 倪成伟. 经济管理基础. 北京：高等教育出版社，2003.

[7] 蔡荣先，冯鑫永. 企业管理. 北京：北京理工大学出版社，2006.

[8] 广通. 经典管理故事全集. 北京：地震出版社，2005.

[9] 芮明杰. 管理学. 3版. 北京：高等教育出版社，2009.

[10] 王卫东，陶应虎. 管理学——基于网络构建 竞争优势. 北京：科学出版社，2004.

[11] 黄速建. 现代企业管理. 北京：经济管理出版社，2001.

[12] 张承耀. 企业管理案例与评论. 北京：经济管理出版社，2006.

[13] 李厚戬，侯彦明. 管理学基础. 大连：大连理工大学出版社，2005.

[14] 高海晨. 企业管理. 北京：高等教育出版社，2009.

[15] 徐国良. 企业管理案例精选精析. 北京：中国社会科学出版社，2006.

[16] 吴礼民. 工业企业经营管理. 北京：中国商业出版社，1998.

[17] 李晓光. 管理学原理. 北京：中国财政经济出版社，2004.

参　考　文　献

[1] 　　　　　　　　　　　　　　　　　　　　　　　　2017.

[2] 　　　　　　　　　　　　　　　　　　　　　　　　2017.

[3] 　　　　　　　　　　　　　　　　　　　　　　　　2017.

[4] 　　　　　　　　　　　　　　　　　　　　　　　　2014.

[5] 　　MBA　　　　　　　　　　　　　　　　　　　2007.

[6] 　　　　　　　　　　　　　　　　　　　　　　　　2005.

[7] 　　　　　　　　　　　　　　　　　　　　　　　2006.

[8] 　　　　　　　　　　　　　　　　　　　　2015.

[9] 　　　　　　　　　　　　　　　　　　　2007.

[10] 　　　　　　　　　　　　　　　　　　　　　　2008.

[11] 　　　　　　　　　　　　　　　　　　　　　2009.

[12] 　　　　　　　　　　　　　　　　　　　　　2008.

[13] 　　　　　　　　　　　　　　　　　　　　　2015.

[14] 　　　　　　　　　　　　　　　　　　　　　2007.

[15] 　　　　　　　　　　　　　　　　　　　　　　2007.

[16] 　　　　　　　　　　　　　　　　　　　　　2008.

[17] 　　　　　　　　　　　　　　　　　　　　　2008.

[18] 　　　　　　　　　　　　　　　　　　　　　2017.